I0176451

PERSIANO
VOCABOLARIO

ITALIANO-
PERSIANO

Le parole più utili
Per ampliare il proprio lessico e affinare
le proprie abilità linguistiche

3000 parole

Vocabolario Italiano-Persiano per studio autodidattico - 3000 parole
Di Andrey Taranov

I vocabolari T&P Books si propongono come strumento di aiuto per apprendere, memorizzare e revisionare l'uso di termini stranieri. Il dizionario si divide in vari argomenti che includono la maggior parte delle attività quotidiane, tra cui affari, scienza, cultura, ecc.

Il processo di apprendimento delle parole attraverso i dizionari divisi in liste tematiche della collana T&P Books offre i seguenti vantaggi:

- Le fonti d'informazione correttamente raggruppate garantiscono un buon risultato nella memorizzazione delle parole
- La possibilità di memorizzare gruppi di parole con la stessa radice (piuttosto che memorizzarle separatamente)
- Piccoli gruppi di parole facilitano il processo di apprendimento per associazione, utile al potenziamento lessicale
- Il livello di conoscenza della lingua può essere valutato attraverso il numero di parole apprese

T&P Books Publishing
www.tpbooks.com

ISBN: 978-1-78716-755-1

Questo libro è disponibile anche in formato e-book.
Visitate il sito www.tpbooks.com o le principali librerie online.

VOCABOLARIO PERSIANO
per studio autodidattico

I vocabolari T&P Books si propongono come strumento di aiuto per apprendere, memorizzare e revisionare l'uso di termini stranieri. Il vocabolario contiene oltre 3000 parole di uso comune ordinate per argomenti.

- Il vocabolario contiene le parole più comunemente usate
- È consigliato in aggiunta ad un corso di lingua
- Risponde alle esigenze degli studenti di lingue straniere sia essi principianti o di livello avanzato
- Pratico per un uso quotidiano, per gli esercizi di revisione e di autovalutazione
- Consente di valutare la conoscenza del proprio lessico

Caratteristiche specifiche del vocabolario:

- Le parole sono ordinate secondo il proprio significato e non alfabeticamente
- Le parole sono riportate in tre colonne diverse per facilitare il metodo di revisione e autovalutazione
- I gruppi di parole sono divisi in sottogruppi per facilitare il processo di apprendimento
- Il vocabolario offre una pratica e semplice trascrizione fonetica per ogni termine straniero

Il vocabolario contiene 101 argomenti tra cui:

Concetti di Base, Numeri, Colori, Mesi, Stagioni, Unità di Misura, Abbigliamento e Accessori, Cibo e Alimentazione, Ristorante, Membri della Famiglia, Parenti, Personalità, Sentimenti, Emozioni, Malattie, Città, Visita Turistica, Acquisti, Denaro, Casa, Ufficio, Lavoro d'Ufficio, Import-export, Marketing, Ricerca di un Lavoro, Sport, Istruzione, Computer, Internet, Utensili, Natura, Paesi, Nazionalità e altro ancora …

INDICE

GUIDA ALLA PRONUNCIA

Alfabeto fonetico T&P	Esempio persiano	Esempio italiano
['] (ayn)	دعوا [daʻvā]	fricativa faringale sonora
['] (hamza)	تایید [taʼid]	occlusiva glottidale sorda
[a]	رود [ravad]	macchia
[ā]	آتش [ātaš]	scusare
[b]	بانک [bānk]	bianco
[č]	چند [čand]	cinque
[d]	هشتاد [haštād]	doccia
[e]	عشق [ešq]	meno, leggere
[f]	فندک [fandak]	ferrovia
[g]	لوگو [logo]	guerriero
[h]	گیاه [giyāh]	[h] aspirate
[i]	جزیره [jazire]	vittoria
[j]	جشن [jašn]	piangere
[k]	کاج [kāj]	cometa
[l]	لیمو [limu]	saluto
[m]	ماجرا [mājarā]	mostra
[n]	نروژ [norvež]	novanta
[o]	گلف [golf]	notte
[p]	اپرا [operā]	pieno
[q]	لاغر [lāqar]	simile gufo, gatto
[r]	رقم [raqam]	ritmo, raro
[s]	سوپ [sup]	sapere
[š]	دوش [duš]	ruscello
[t]	ترجمه [tarjome]	tattica
[u]	نیرو [niru]	prugno
[v]	ورشو [varšow]	volare
[w]	روشن [rowšan]	week-end
[x]	کاخ [kāx]	[h] dolce
[y]	بیابان [biyābān]	New York
[z]	زنجیر [zanjir]	rosa
[ž]	ژوئن [žuan]	beige

ABBREVIAZIONI
usate nel vocabolario

Italiano. Abbreviazioni

agg	-	aggettivo
anim.	-	animato
avv	-	avverbio
cong	-	congiunzione
ecc.	-	eccetera
f	-	sostantivo femminile
f pl	-	femminile plurale
fem.	-	femminile
form.	-	formale
inanim.	-	inanimato
inform.	-	familiare
m	-	sostantivo maschile
m pl	-	maschile plurale
m, f	-	maschile, femminile
masc.	-	maschile
mil.	-	militare
pl	-	plurale
pron	-	pronome
qc	-	qualcosa
qn	-	qualcuno
sing.	-	singolare
v aus	-	verbo ausiliare
vi	-	verbo intransitivo
vi, vt	-	verbo intransitivo, transitivo
vr	-	verbo riflessivo
vt	-	verbo transitivo

CONCETTI DI BASE

1. Pronomi

io	man	من
tu	to	تو
egli, ella, esso, essa	u	او
noi	mā	ما
voi	šomā	شما
loro	ān-hā	آنها

2. Saluti. Convenevoli

Buongiorno!	salām	سلام
Buongiorno! (la mattina)	sobh bexeyr	صبح بخیر
Buon pomeriggio!	ruz bexeyr!	روز بخیر!
Buonasera!	asr bexeyr	عصربخیر

salutare (vt)	salām kardan	سلام کردن
Ciao! Salve!	salām	سلام
saluto (m)	salām	سلام
salutare (vt)	salām kardan	سلام کردن
Come sta?	haletān četowr ast?	حالتان چطور است؟
Come stai?	četorid?	چطورید؟
Che c'è di nuovo?	če xabar?	چه خبر؟

Arrivederci!	xodāhāfez	خداحافظ
Ciao!	bāy bāy	بای بای
A presto!	be omid-e didār!	به امید دیدار!
Addio!	xodāhāfez!	خداحافظ!
congedarsi (vr)	xodāhāfezi kardan	خداحافظی کردن
Ciao! (A presto!)	tā bezudi!	تا بزودی!

Grazie!	motešakker-am!	متشکرم!
Grazie mille!	besyār motešakker-am!	بسیار متشکرم!
Prego	xāheš mikonam	خواهش می کنم
Non c'è di che!	tašakkor lāzem nist	تشکر لازم نیست
Di niente	qābel-i nadārad	قابلی ندارد

| Scusa! | bebaxšid! | ببخشید! |
| scusare (vt) | baxšidan | بخشیدن |

scusarsi (vr)	ozr xāstan	عذر خواستن
Chiedo scusa	ozr mixāham	عذرمی خواهم
Mi perdoni!	bebaxšid!	ببخشید!
perdonare (vt)	baxšidan	بخشیدن
Non fa niente	mohem nist	مهم نیست

per favore	lotfan	لطفاً
Non dimentichi!	farāmuš nakonid!	فراموش نکنید!
Certamente!	albate!	البته!
Certamente no!	albate ke neh!	البته که نه!
D'accordo!	besyār xob!	بسیارخوب!
Basta!	bas ast!	بس است!

3. Domande

Chi?	če kas-i?	چه کسی؟
Che cosa?	če čiz-i?	چه چیزی؟

Dove? (in che luogo?)	kojā?	کجا؟
Dove? (~ vai?)	kojā?	کجا؟
Di dove?, Da dove?	az kojā?	از کجا؟

Quando?	če vaqt?	چه وقت؟
Perché? (per quale scopo?)	čerā?	چرا؟
Perché? (per quale ragione?)	čerā?	چرا؟

Per che cosa?	barā-ye če?	برای چه؟
Come?	četor?	چطور؟
Che? (~ colore è?)	kodām?	کدام؟
Quale?	kodām?	کدام؟

A chi?	barā-ye ki?	برای کی؟
Di chi?	dar bāre-ye ki?	درباره کی؟
Di che cosa?	darbāre-ye či?	درباره چی؟
Con chi?	bā ki?	با کی؟

Quanti?, Quanto?	čeqadr?	چقدر؟
Di chi?	māl-e ki?	مال کی؟

4. Preposizioni

con (tè ~ il latte)	bā	با
senza	bedune	بدون
a (andare ~ ...)	be	به
di (parlare ~ ...)	rāje' be	راجع به

prima di ...	piš az	پیش از
di fronte a ...	dar moqābel	در مقابل

sotto (avv)	zir	زیر
sopra (al di ~)	bālā-ye	بالای
su (sul tavolo, ecc.)	ruy	روی

da, di (via da ..., fuori di ...)	az	از
di (fatto ~ cartone)	az	از

fra (~ dieci minuti)	tā	تا
attraverso (dall'altra parte)	az bālāye	از بالای

5. Parole grammaticali. Avverbi. Parte 1

Dove?	kojā?	کجا؟
qui (in questo luogo)	in jā	این جا
lì (in quel luogo)	ānjā	آنجا
da qualche parte (essere ~)	jā-yi	جایی
da nessuna parte	hič kojā	هیچ کجا
vicino a ...	nazdik	نزدیک
vicino alla finestra	nazdik panjere	نزدیک پنجره
Dove?	kojā?	کجا؟
qui (vieni ~)	in jā	این جا
ci (~ vado stasera)	ānjā	آنجا
da qui	az injā	از اینجا
da lì	az ānjā	از آنجا
vicino, accanto (avv)	nazdik	نزدیک
lontano (avv)	dur	دور
vicino (~ a Parigi)	nazdik	نزدیک
vicino (qui ~)	nazdik	نزدیک
non lontano	nazdik	نزدیک
sinistro (agg)	čap	چپ
a sinistra (rimanere ~)	dast-e čap	دست چپ
a sinistra (girare ~)	be čap	به چپ
destro (agg)	rāst	راست
a destra (rimanere ~)	dast-e rāst	دست راست
a destra (girare ~)	be rāst	به راست
davanti	jelo	جلو
anteriore (agg)	jelo	جلو
avanti	jelo	جلو
dietro (avv)	aqab	عقب
da dietro	az aqab	از عقب
indietro	aqab	عقب
mezzo (m), centro (m)	vasat	وسط
in mezzo, al centro	dar vasat	در وسط
di fianco	pahlu	پهلو
dappertutto	hame jā	همه جا
attorno	atrāf	اطراف
da dentro	az daxel	از داخل
da qualche parte (andare ~)	jā-yi	جایی
dritto (direttamente)	mostaqim	مستقیم
indietro	aqab	عقب
da qualsiasi parte	az har jā	از هر جا
da qualche posto (veniamo ~)	az yek jā-yi	از یک جایی

in primo luogo	avvalan	اولاً
in secondo luogo	dumā	دوما
in terzo luogo	sālesan	ثالثاً

all'improvviso	nāgahān	ناگهان
all'inizio	dar avval	در اول
per la prima volta	barā-ye avvalin bār	برای اولین بار
molto tempo prima di...	xeyli vaqt piš	خیلی وقت پیش
di nuovo	az now	از نو
per sempre	barā-ye hamiše	برای همیشه

mai	hič vaqt	هیچ وقت
ancora	dobāre	دوباره
adesso	alān	الان
spesso (avv)	aqlab	اغلب
allora	ān vaqt	آن وقت
urgentemente	foran	فوراً
di solito	ma'mulan	معمولاً

a proposito, ...	rāst-i	راستی
è possibile	momken ast	ممکن است
probabilmente	ehtemālan	احتمالاً
forse	šāyad	شاید
inoltre ...	bealāve	بعلاوه
ecco perché ...	be hamin xāter	به همین خاطر
nonostante (~ tutto)	alāraqm	علیرغم
grazie a ...	be lotf	به لطف

che cosa (pron)	če?	چه؟
che (cong)	ke	که
qualcosa (qualsiasi cosa)	yek čiz-i	یک چیزی
qualcosa (le serve ~?)	yek kāri	یک کاری
niente	hič čiz	هیچ چیز

chi (pron)	ki	کی
qualcuno (annuire a ~)	yek kas-i	یک کسی
qualcuno (dipendere da ~)	yek kas-i	یک کسی

nessuno	hič kas	هیچ کس
da nessuna parte	hič kojā	هیچ کجا
di nessuno	māl-e hičkas	مال هیچ کس
di qualcuno	har kas-i	هر کسی

così (era ~ arrabbiato)	xeyli	خیلی
anche (penso ~ a ...)	ham	هم
anche, pure	ham	هم

6. Parole grammaticali. Avverbi. Parte 2

Perché?	čerā?	چرا؟
per qualche ragione	be dalil-i	به دلیلی
perché ...	čon	چون
per qualche motivo	barā-ye maqsudi	برای مقصودی
e (cong)	va	و

o (sì ~ no?)	yā	یا
ma (però)	ammā	اما
per (~ me)	barā-ye	برای
troppo	besyār	بسیار
solo (avv)	faqat	فقط
esattamente	daqiqan	دقیقا
circa (~ 10 dollari)	taqriban	تقریباً
approssimativamente	taqriban	تقریباً
approssimativo (agg)	taqribi	تقریبی
quasi	taqriban	تقریباً
resto	baqiye	بقیه
l'altro (~ libro)	digar	دیگر
altro (differente)	digar	دیگر
ogni (agg)	har	هر
qualsiasi (agg)	har	هر
molti, molto	ziyād	زیاد
molta gente	besyāri	بسیاری
tutto, tutti	hame	همه
in cambio di ...	dar avaz	در عوض
in cambio	dar barābar	در برابر
a mano (fatto ~)	dasti	دستی
poco probabile	baid ast	بعید است
probabilmente	ehtemālan	احتمالاً
apposta	amdan	عمداً
per caso	tasādofi	تصادفی
molto (avv)	besyār	بسیار
per esempio	masalan	مثلاً
fra (~ due)	beyn	بین
fra (~ più di due)	miyān	میان
tanto (quantità)	in qadr	این قدر
soprattutto	maxsusan	مخصوصاً

NUMERI. VARIE

7. Numeri cardinali. Parte 1

zero (m)	sefr	صفر
uno	yek	یک
due	do	دو
tre	se	سه
quattro	čāhār	چهار

cinque	panj	پنج
sei	šeš	شش
sette	haft	هفت
otto	hašt	هشت
nove	neh	نه

dieci	dah	ده
undici	yāzdah	یازده
dodici	davāzdah	دوازده
tredici	sizdah	سیزده
quattordici	čāhārdah	چهارده

quindici	pānzdah	پانزده
sedici	šānzdah	شانزده
diciassette	hefdah	هفده
diciotto	hijdah	هیجده
diciannove	nuzdah	نوزده

venti	bist	بیست
ventuno	bist-o yek	بیست ویک
ventidue	bist-o do	بیست ودو
ventitre	bist-o se	بیست وسه

trenta	si	سی
trentuno	si-yo yek	سی ویک
trentadue	si-yo do	سی ودو
trentatre	si-yo se	سی وسه

quaranta	čehel	چهل
quarantuno	čehel-o yek	چهل ویک
quarantadue	čehel-o do	چهل ودو
quarantatre	čehel-o se	چهل وسه

cinquanta	panjāh	پنجاه
cinquantuno	panjāh-o yek	پنجاه ویک
cinquantadue	panjāh-o do	پنجاه ودو
cinquantatre	panjāh-o se	پنجاه وسه

sessanta	šast	شصت
sessantuno	šast-o yek	شصت ویک

sessantadue	šast-o do	شصت ودو
sessantatre	šast-o se	شصت وسه
settanta	haftād	هفتاد
settantuno	haftād-o yek	هفتاد ویک
settantadue	haftād-o do	هفتاد ودو
settantatre	haftād-o se	هفتاد وسه
ottanta	haštād	هشتاد
ottantuno	haštād-o yek	هشتاد ویک
ottantadue	haštād-o do	هشتاد ودو
ottantatre	haštād-o se	هشتاد وسه
novanta	navad	نود
novantuno	navad-o yek	نود ویک
novantadue	navad-o do	نود ودو
novantatre	navad-o se	نود وسه

8. Numeri cardinali. Parte 2

cento	sad	صد
duecento	devist	دویست
trecento	sisad	سیصد
quattrocento	čāhārsad	چهارصد
cinquecento	pānsad	پانصد
seicento	šešsad	ششصد
settecento	haftsad	هفتصد
ottocento	haštsad	هشتصد
novecento	nohsad	نهصد
mille	hezār	هزار
duemila	dohezār	دوهزار
tremila	se hezār	سه هزار
diecimila	dah hezār	ده هزار
centomila	sad hezār	صد هزار
milione (m)	milyun	میلیون
miliardo (m)	milyārd	میلیارد

9. Numeri ordinali

primo	avvalin	اولین
secondo	dovvomin	دومین
terzo	sevvomin	سومین
quarto	čāhāromin	چهارمین
quinto	panjomin	پنجمین
sesto	šešomin	ششمین
settimo	haftomin	هفتمین
ottavo	haštomin	هشتمین
nono	nohomin	نهمین
decimo	dahomin	دهمین

COLORI. UNITÀ DI MISURA

10. Colori

colore (m)	rang	رنگ
sfumatura (f)	teyf-e rang	طیف رنگ
tono (m)	rangmaye	رنگمایه
arcobaleno (m)	rangin kamān	رنگین کمان
bianco (agg)	sefid	سفید
nero (agg)	siyāh	سیاه
grigio (agg)	xākestari	خاکستری
verde (agg)	sabz	سبز
giallo (agg)	zard	زرد
rosso (agg)	sorx	سرخ
blu (agg)	abi	آبی
azzurro (agg)	ābi rowšan	آبی روشن
rosa (agg)	surati	صورتی
arancione (agg)	nārenji	نارنجی
violetto (agg)	banafš	بنفش
marrone (agg)	qahve i	قهوه ای
d'oro (agg)	talāyi	طلایی
argenteo (agg)	noqre i	نقره ای
beige (agg)	baž	بژ
color crema (agg)	kerem	کرم
turchese (agg)	firuze i	فیروزه ای
rosso ciliegia (agg)	ālbāluyi	آلبالویی
lilla (agg)	banafš yasi	بنفش یاسی
rosso lampone (agg)	zereški	زرشکی
chiaro (agg)	rowšan	روشن
scuro (agg)	tire	تیره
vivo, vivido (agg)	rowšan	روشن
colorato (agg)	rangi	رنگی
a colori	rangi	رنگی
bianco e nero (agg)	siyāh-o sefid	سیاه و سفید
in tinta unita	yek rang	یک رنگ
multicolore (agg)	rangārang	رنگارنگ

11. Unità di misura

peso (m)	vazn	وزن
lunghezza (f)	tul	طول

larghezza (f)	arz	عرض
altezza (f)	ertefã'	ارتفاع
profondità (f)	omq	عمق
volume (m)	hajm	حجم
area (f)	masãhat	مساحت

grammo (m)	garm	گرم
milligrammo (m)	mili geram	میلی گرم
chilogrammo (m)	kilugeram	کیلوگرم
tonnellata (f)	ton	تن
libbra (f)	pond	پوند
oncia (f)	ons	اونس

metro (m)	metr	متر
millimetro (m)	mili metr	میلی متر
centimetro (m)	sãntimetr	سانتیمتر
chilometro (m)	kilumetr	کیلومتر
miglio (m)	mãyel	مایل

pollice (m)	inč	اینچ
piede (f)	fowt	فوت
iarda (f)	yãrd	یارد

metro (m) quadro	metr morabba'	متر مربع
ettaro (m)	hektãr	هکتار

litro (m)	litr	لیتر
grado (m)	daraje	درجه
volt (m)	volt	ولت
ampere (m)	ãmper	آمپر
cavallo vapore (m)	asb-e boxãr	اسب بخار

quantità (f)	meqdãr	مقدار
un po' di ...	kami	کمی
metà (f)	nim	نیم
dozzina (f)	dojin	دوجین
pezzo (m)	tã	تا

dimensione (f)	andãze	اندازه
scala (f) (modello in ~)	meqyãs	مقیاس

minimo (agg)	haddeaqal	حداقل
minore (agg)	kučaktarin	کوچکترین
medio (agg)	motevasset	متوسط
massimo (agg)	haddeaksar	حداکثر
maggiore (agg)	bištarin	بیشترین

12. Contenitori

barattolo (m) di vetro	šišeh konserv	شیشه کنسرو
latta, lattina (f)	quti	قوطی
secchio (m)	satl	سطل
barile (m), botte (f)	boške	بشکه
catino (m)	tašt	تشت

serbatoio (m) (per liquidi)	maxzan	مخزن
fiaschetta (f)	qomqome	قمقمه
tanica (f)	dabbe	دبه
cisterna (f)	maxzan	مخزن

tazza (f)	livān	لیوان
tazzina (f) (~ di caffé)	fenjān	فنجان
piattino (m)	na'lbeki	نعلبکی
bicchiere (m) (senza stelo)	estekān	استکان
calice (m)	gilās-e šarāb	گیلاس شراب
casseruola (f)	qāblame	قابلمه

bottiglia (f)	botri	بطری
collo (m) (~ della bottiglia)	gardan-e botri	گردن بطری

caraffa (f)	tong	تنگ
brocca (f)	pārč	پارچ
recipiente (m)	zarf	ظرف
vaso (m) di coccio	sofāl	سفال
vaso (m) di fiori	goldān	گلدان

boccetta (f) (~ di profumo)	botri	بطری
fiala (f)	viyāl	ویال
tubetto (m)	tiyub	تیوب

sacco (m) (~ di patate)	kise	کیسه
sacchetto (m) (~ di plastica)	pākat	پاکت
pacchetto (m) (~ di sigarette, ecc.)	baste	بسته

scatola (f) (~ per scarpe)	ja'be	جعبه
cassa (f) (~ di vino, ecc.)	sanduq	صندوق
cesta (f)	sabad	سبد

I VERBI PIÙ IMPORTANTI

13. I verbi più importanti. Parte 1

Italiano	Traslitterazione	Persiano
accorgersi (vr)	motevajjeh šodan	متوجه شدن
afferrare (vt)	gereftan	گرفتن
affittare (dare in affitto)	ejāre kardan	اجاره کردن
aiutare (vt)	komak kardan	کمک کردن
amare (qn)	dust dāštan	دوست داشتن
andare (camminare)	raftan	رفتن
annotare (vt)	neveštan	نوشتن
appartenere (vi)	ta'alloq dāštan	تعلق داشتن
aprire (vt)	bāz kardan	باز کردن
arrivare (vi)	residan	رسیدن
aspettare (vt)	montazer budan	منتظر بودن
avere (vt)	dāštan	داشتن
avere fame	gorosne budan	گرسنه بودن
avere fretta	ajale kardan	عجله کردن
avere paura	tarsidan	ترسیدن
avere sete	tešne budan	تشنه بودن
avvertire (vt)	hošdār dādan	هشدار دادن
cacciare (vt)	šekār kardan	شکار کردن
cadere (vi)	oftādan	افتادن
cambiare (vt)	avaz kardan	عوض کردن
capire (vt)	fahmidan	فهمیدن
cenare (vi)	šām xordan	شام خوردن
cercare (vt)	jostoju kardan	جستجو کردن
cessare (vt)	bas kardan	بس کردن
chiedere (~ aiuto)	komak xāstan	کمک خواستن
chiedere (domandare)	porsidan	پرسیدن
cominciare (vt)	šoru' kardan	شروع کردن
comparare (vt)	moqāyse kardan	مقایسه کردن
confondere (vt)	qāti kardan	قاطی کردن
conoscere (qn)	šenāxtan	شناختن
conservare (vt)	hefz kardan	حفظ کردن
consigliare (vt)	nasihat kardan	نصیحت کردن
contare (calcolare)	šemordan	شمردن
contare su ...	hesāb kardan	حساب کردن
continuare (vt)	edāme dādan	ادامه دادن
controllare (vt)	kontorol kardan	کنترل کردن
correre (vi)	davidan	دویدن
costare (vt)	qeymat dāštan	قیمت داشتن
creare (vt)	ijād kardan	ایجاد کردن
cucinare (vi)	poxtan	پختن

14. I verbi più importanti. Parte 2

dare (vt)	dādan	دادن
dare un suggerimento	sarnax dādan	سرنخ دادن
decorare (adornare)	tazyin kardan	تزیین کردن
difendere (~ un paese)	defā' kardan	دفاع کردن
dimenticare (vt)	farāmuš kardan	فراموش کردن
dire (~ la verità)	goftan	گفتن
dirigere (compagnia, ecc.)	edāre kardan	اداره کردن
discutere (vt)	bahs kardan	بحث کردن
domandare (vt)	xāstan	خواستن
dubitare (vi)	šok dāštan	شک داشتن
entrare (vi)	vāred šodan	وارد شدن
esigere (vt)	darxāst kardan	درخواست کردن
esistere (vi)	vojud dāštan	وجود داشتن
essere (vi)	budan	بودن
essere d'accordo	movāfeqat kardan	موافقت کردن
fare (vt)	anjām dādan	انجام دادن
fare colazione	sobhāne xordan	صبحانه خوردن
fare il bagno	ābtani kardan	آبتنی کردن
fermarsi (vr)	motevaghef šhodan	متوقف شدن
fidarsi (vr)	etminān kardan	اطمینان کردن
finire (vt)	be pāyān resāndan	به پایان رساندن
firmare (~ un documento)	emzā kardan	امضا کردن
giocare (vi)	bāzi kardan	بازی کردن
girare (~ a destra)	pičidan	پیچیدن
gridare (vi)	faryād zadan	فریاد زدن
indovinare (vt)	hads zadan	حدس زدن
informare (vt)	āgah kardan	آگاه کردن
ingannare (vt)	farib dādan	فریب دادن
insistere (vi)	esrār kardan	اصرار کردن
insultare (vt)	towhin kardan	توهین کردن
interessarsi di ...	alāqe dāštan	علاقه داشتن
invitare (vt)	da'vat kardan	دعوت کردن
lamentarsi (vr)	šekāyat kardan	شکایت کردن
lasciar cadere	andāxtan	انداختن
lavorare (vi)	kār kardan	کار کردن
leggere (vi, vt)	xāndan	خواندن
liberare (vt)	āzād kardan	آزاد کردن

15. I verbi più importanti. Parte 3

mancare le lezioni	qāyeb budan	غایب بودن
mandare (vt)	ferestādan	فرستادن
menzionare (vt)	zekr kardan	ذکر کردن
minacciare (vt)	tahdid kardan	تهدید کردن

mostrare (vt)	nešān dādan	نشان دادن
nascondere (vt)	penhān kardan	پنهان کردن
nuotare (vi)	šenā kardan	شنا کردن
obiettare (vt)	moxalefat kardan	مخالفت کردن
occorrere (vimp)	hāmi budan	حامی بودن
ordinare (~ il pranzo)	sefāreš dādan	سفارش دادن

ordinare (mil.)	farmān dādan	فرمان دادن
osservare (vt)	mošāhede kardan	مشاهده کردن
pagare (vi, vt)	pardāxtan	پرداختن
parlare (vi, vt)	harf zadan	حرف زدن
partecipare (vi)	šerekat kardan	شرکت کردن

pensare (vi, vt)	fekr kardan	فکر کردن
perdonare (vt)	baxšidan	بخشیدن
permettere (vt)	ejāze dādan	اجازه دادن
piacere (vi)	dust dāštan	دوست داشتن
piangere (vi)	gerye kardan	گریه کردن

pianificare (vt)	barnāmerizi kardan	برنامه ریزی کردن
possedere (vt)	sāheb budan	صاحب بودن
potere (v aus)	tavānestan	توانستن
pranzare (vi)	nāhār xordan	ناهار خوردن
preferire (vt)	tarjih dādan	ترجیح دادن

pregare (vi, vt)	do'ā kardan	دعا کردن
prendere (vt)	bardāštan	برداشتن
prevedere (vt)	pišbini kardan	پیش بینی کردن
promettere (vt)	qowl dādan	قول دادن
pronunciare (vt)	talaffoz kardan	تلفظ کردن

proporre (vt)	pišnahād dādan	پیشنهاد دادن
punire (vt)	tanbih kardan	تنبیه کردن
raccomandare (vt)	towsie kardan	توصیه کردن
ridere (vi)	xandidan	خندیدن
rifiutarsi (vr)	rad kardan	رد کردن

rincrescere (vi)	afsus xordan	افسوس خوردن
ripetere (ridire)	tekrār kardan	تکرار کردن
riservare (vt)	rezerv kardan	رزرو کردن
rispondere (vi, vt)	javāb dādan	جواب دادن
rompere (spaccare)	šekastan	شکستن
rubare (~ i soldi)	dozdidan	دزدیدن

16. I verbi più importanti. Parte 4

salvare (~ la vita a qn)	najāt dādan	نجات دادن
sapere (vt)	dānestan	دانستن
sbagliare (vi)	eštebāh kardan	اشتباه کردن
scavare (vt)	kandan	کندن
scegliere (vt)	entexāb kardan	انتخاب کردن

scendere (vi)	pāyin āmadan	پایین آمدن
scherzare (vi)	šuxi kardan	شوخی کردن

scrivere (vt)	neveštan	نوشتن
scusare (vt)	baxšidan	بخشیدن
scusarsi (vr)	ozr xāstan	عذر خواستن
sedersi (vr)	nešastan	نشستن
seguire (vt)	donbāl kardan	دنبال کردن
sgridare (vt)	da'vā kardan	دعوا کردن
significare (vt)	ma'ni dāštan	معنی داشتن
sorridere (vi)	labxand zadan	لبخند زدن
sottovalutare (vt)	dast-e kam gereftan	دست کم گرفتن
sparare (vi)	tirandāzi kardan	تیراندازی کردن
sperare (vi, vt)	omid dāštan	امید داشتن
spiegare (vt)	touzih dādan	توضیح دادن
studiare (vt)	dars xāndan	درس خواندن
stupirsi (vr)	mote'ajjeb šodan	متعجب شدن
tacere (vi)	sāket māndan	ساکت ماندن
tentare (vt)	talāš kardan	تلاش کردن
toccare (~ con le mani)	lams kardan	لمس کردن
tradurre (vt)	tarjome kardan	ترجمه کردن
trovare (vt)	peydā kardan	پیدا کردن
uccidere (vt)	koštan	کشتن
udire (percepire suoni)	šenidan	شنیدن
unire (vt)	mottahed kardan	متحد کردن
uscire (vi)	birun raftan	بیرون رفتن
vantarsi (vr)	be rox kešidan	به رخ کشیدن
vedere (vt)	didan	دیدن
vendere (vt)	foruxtan	فروختن
volare (vi)	parvāz kardan	پرواز کردن
volere (desiderare)	xāstan	خواستن

ORARIO. CALENDARIO

17. Giorni della settimana

lunedì (m)	došanbe	دوشنبه
martedì (m)	se šanbe	سه شنبه
mercoledì (m)	čāhāršanbe	چهارشنبه
giovedì (m)	panj šanbe	پنج شنبه
venerdì (m)	jomʻe	جمعه
sabato (m)	šanbe	شنبه
domenica (f)	yek šanbe	یک شنبه
oggi (avv)	emruz	امروز
domani	fardā	فردا
dopodomani	pas fardā	پس فردا
ieri (avv)	diruz	دیروز
l'altro ieri	pariruz	پریروز
giorno (m)	ruz	روز
giorno (m) lavorativo	ruz-e kāri	روز کاری
giorno (m) festivo	ruz-e jašn	روز جشن
giorno (m) di riposo	ruz-e taʻtil	روز تعطیل
fine (m) settimana	āxar-e hafte	آخر هفته
tutto il giorno	tamām-e ruz	تمام روز
l'indomani	ruz-e baʻd	روز بعد
due giorni fa	do ruz-e piš	دو روز پیش
il giorno prima	ruz-e qabl	روز قبل
quotidiano (agg)	ruzāne	روزانه
ogni giorno	har ruz	هر روز
settimana (f)	hafte	هفته
la settimana scorsa	hafte-ye gozašte	هفته گذشته
la settimana prossima	hafte-ye āyande	هفته آینده
settimanale (agg)	haftegi	هفتگی
ogni settimana	har hafte	هر هفته
due volte alla settimana	do bār dar hafte	دو بار درهفته
ogni martedì	har sešanbe	هر سه شنبه

18. Ore. Giorno e notte

mattina (f)	sobh	صبح
di mattina	sobh	صبح
mezzogiorno (m)	zohr	ظهر
nel pomeriggio	baʻd az zohr	بعد ازظهر
sera (f)	asr	عصر
di sera	asr	عصر

notte (f)	šab	شب
di notte	šab	شب
mezzanotte (f)	nesfe šab	نصفه شب
secondo (m)	sānie	ثانیه
minuto (m)	daqiqe	دقیقه
ora (f)	sā'at	ساعت
mezzora (f)	nim sā'at	نیم ساعت
un quarto d'ora	yek rob'	یک ربع
quindici minuti	pānzdah daqiqe	پانزده دقیقه
ventiquattro ore	šabāne ruz	شبانه روز
levata (f) del sole	tolu-'e āftāb	طلوع آفتاب
alba (f)	sahar	سحر
mattutino (m)	sobh-e zud	صبح زود
tramonto (m)	qorub	غروب
di buon mattino	sobh-e zud	صبح زود
stamattina	emruz sobh	امروز صبح
domattina	fardā sobh	فردا صبح
oggi pomeriggio	emruz zohr	امروز ظهر
nel pomeriggio	ba'd az zohr	بعد ازظهر
domani pomeriggio	fardā ba'd az zohr	فردا بعد ازظهر
stasera	emšab	امشب
domani sera	fardā šab	فردا شب
alle tre precise	sar-e sā'at-e se	سر ساعت ۳
verso le quattro	nazdik-e sā'at-e čāhār	نزدیک ساعت ۴
per le dodici	nazdik zohr	نزدیک ظهر
fra venti minuti	bist daqiqe-ye digar	۲۰ دقیقه دیگر
fra un'ora	yek sā'at-e digar	یک ساعت دیگر
puntualmente	be moqe'	به موقع
un quarto di ...	yek rob' be	یک ربع به
entro un'ora	yek sā'at-e digar	یک ساعت دیگر
ogni quindici minuti	har pānzdah daqiqe	هر ۵۱ دقیقه
giorno e notte	šabāne ruz	شبانه روز

19. Mesi. Stagioni

gennaio (m)	žānvie	ژانویه
febbraio (m)	fevriye	فوریه
marzo (m)	mārs	مارس
aprile (m)	āvril	آوریل
maggio (m)	meh	مه
giugno (m)	žuan	ژوئن
luglio (m)	žuiye	ژوئیه
agosto (m)	owt	اوت
settembre (m)	septāmbr	سپتامبر
ottobre (m)	oktobr	اکتبر

novembre (m)	novāmbr	نوامبر
dicembre (m)	desāmr	دسامبر
primavera (f)	bahār	بهار
in primavera	dar bahār	در بهار
primaverile (agg)	bahāri	بهاری
estate (f)	tābestān	تابستان
in estate	dar tābestān	در تابستان
estivo (agg)	tābestāni	تابستانی
autunno (m)	pāyiz	پاییز
in autunno	dar pāyiz	در پاییز
autunnale (agg)	pāyizi	پاییزی
inverno (m)	zemestān	زمستان
in inverno	dar zemestān	در زمستان
invernale (agg)	zemestāni	زمستانی
mese (m)	māh	ماه
questo mese	in māh	این ماه
il mese prossimo	māh-e āyande	ماه آینده
il mese scorso	māh-e gozašte	ماه گذشته
un mese fa	yek māh qabl	یک ماه قبل
fra un mese	yek māh digar	یک ماه دیگر
fra due mesi	do māh-e digar	۲ماه دیگر
un mese intero	tamām-e māh	تمام ماه
per tutto il mese	tamām-e māh	تمام ماه
mensile (rivista ~)	māhāne	ماهانه
mensilmente	māhāne	ماهانه
ogni mese	har māh	هر ماه
due volte al mese	do bār dar māh	دو بار درماه
anno (m)	sāl	سال
quest'anno	emsāl	امسال
l'anno prossimo	sāl-e āyande	سال آینده
l'anno scorso	sāl-e gozašte	سال گذشته
un anno fa	yek sāl qabl	یک سال قبل
fra un anno	yek sāl-e digar	یک سال دیگر
fra due anni	do sāl-e digar	۲سال دیگر
un anno intero	tamām-e sāl	تمام سال
per tutto l'anno	tamām-e sāl	تمام سال
ogni anno	har sāl	هر سال
annuale (agg)	sālāne	سالانه
annualmente	sālāne	سالانه
quattro volte all'anno	čāhār bār dar sāl	چهار بار در سال
data (f) (~ di oggi)	tārix	تاریخ
data (f) (~ di nascita)	tārix	تاریخ
calendario (m)	taqvim	تقویم
mezz'anno (m)	nim sāl	نیم سال
semestre (m)	nim sāl	نیم سال

stagione (f) (estate, ecc.)	fasl	فصل
secolo (m)	qarn	قرن

VIAGGIO. HOTEL

20. Escursione. Viaggio

Italiano	Persiano (traslitterazione)	Persiano
turismo (m)	gardešgari	گردشگری
turista (m)	turist	توریست
viaggio (m) (all'estero)	mosāferat	مسافرت
avventura (f)	mājarā	ماجرا
viaggio (m) (corto)	safar	سفر
vacanza (f)	moraxxasi	مرخصی
essere in vacanza	dar moraxassi budan	در مرخصی بودن
riposo (m)	esterāhat	استراحت
treno (m)	qatār	قطار
in treno	bā qatār	با قطار
aereo (m)	havāpeymā	هواپیما
in aereo	bā havāpeymā	با هواپیما
in macchina	bā otomobil	با اتومبیل
in nave	dar kešti	با کشتی
bagaglio (m)	bār	بار
valigia (f)	čamedān	چمدان
carrello (m)	čarx-e hamle bar	چرخ حمل بار
passaporto (m)	gozarnāme	گذرنامه
visto (m)	ravādid	روادید
biglietto (m)	belit	بلیط
biglietto (m) aereo	belit-e havāpeymā	بلیط هواپیما
guida (f)	ketāb-e rāhnamā	کتاب راهنما
carta (f) geografica	naqše	نقشه
località (f)	mahal	محل
luogo (m)	jā	جا
ogetti (m pl) esotici	qarāyeb	غرایب
esotico (agg)	qarib	غریب
sorprendente (agg)	heyrat angiz	حیرت انگیز
gruppo (m)	goruh	گروه
escursione (f)	gardeš	گردش
guida (f) (cicerone)	rāhnamā-ye tur	راهنمای تور

21. Hotel

Italiano	Persiano (traslitterazione)	Persiano
albergo (m)	hotel	هتل
motel (m)	motel	متل
tre stelle	se setāre	سه ستاره

| cinque stelle | panj setāre | پنج ستاره |
| alloggiare (vi) | māndan | ماندن |

camera (f)	otāq	اتاق
camera (f) singola	otāq-e yeknafare	اتاق یک نفره
camera (f) doppia	otāq-e do nafare	اتاق دو نفره
prenotare una camera	otāq rezerv kardan	اتاق رزرو کردن

| mezza pensione (f) | nim pānsiyon | نیم پانسیون |
| pensione (f) completa | pānsiyon | پانسیون |

con bagno	bā vān	با وان
con doccia	bā duš	با دوش
televisione (f) satellitare	televiziyon-e māhvārei	تلویزیون ماهواره ای
condizionatore (m)	tahviye-ye matbu'	تهویه مطبوع
asciugamano (m)	howle	حوله
chiave (f)	kelid	کلید

amministratore (m)	edāre-ye konande	اداره کننده
cameriera (f)	mostaxdem	مستخدم
portabagagli (m)	bārbar	باربر
portiere (m)	darbān	دربان

ristorante (m)	resturān	رستوران
bar (m)	bār	بار
colazione (f)	sobhāne	صبحانه
cena (f)	šām	شام
buffet (m)	bufe	بوفه

| hall (f) (atrio d'ingresso) | lābi | لابی |
| ascensore (m) | āsānsor | آسانسور |

| NON DISTURBARE | mozāhem našavid | مزاحم نشوید |
| VIETATO FUMARE! | sigār kešidan mamnu' | سیگار کشیدن ممنوع |

22. Visita turistica

monumento (m)	mojassame	مجسمه
fortezza (f)	qal'e	قلعه
palazzo (m)	kāx	کاخ
castello (m)	qal'e	قلعه
torre (f)	borj	برج
mausoleo (m)	ārāmgāh	آرامگاه

architettura (f)	me'māri	معماری
medievale (agg)	qorun-e vasati	قرون وسطی
antico (agg)	qadimi	قدیمی
nazionale (agg)	melli	ملی
famoso (agg)	mašhur	مشهور

turista (m)	turist	توریست
guida (f)	rāhnamā-ye tur	راهنمای تور
escursione (f)	gardeš	گردش
fare vedere	nešān dādan	نشان دادن

raccontare (vt)	hekāyat kardan	حکایت کردن
trovare (vt)	peydā kardan	پیدا کردن
perdersi (vr)	gom šodan	گم شدن
mappa (f) (~ della metropolitana)	naqše	نقشه
piantina (f) (~ della città)	naqše	نقشه
souvenir (m)	sowqāti	سوغاتی
negozio (m) di articoli da regalo	forušgāh-e sowqāti	فروشگاه سوغاتی
fare foto	aks gereftan	عکس گرفتن
fotografarsi	aks gereftan	عکس گرفتن

MEZZI DI TRASPORTO

23. Aeroporto

aeroporto (m)	forudgāh	فرودگاه
aereo (m)	havāpeymā	هواپیما
compagnia (f) aerea	šerkat-e havāpeymāyi	شرکت هواپیمایی
controllore (m) di volo	ma'mur-e kontorol-e terāfik-e havāyi	مأمور کنترل ترافیک هوایی
partenza (f)	azimat	عزیمت
arrivo (m)	vorud	ورود
arrivare (vi)	residan	رسیدن
ora (f) di partenza	zamān-e parvāz	زمان پرواز
ora (f) di arrivo	zamān-e vorud	زمان ورود
essere ritardato	ta'xir kardan	تأخیر کردن
volo (m) ritardato	ta'xir-e parvāz	تأخیر پرواز
tabellone (m) orari	tāblo-ye ettelā'āt	تابلوی اطلاعات
informazione (f)	ettelā'āt	اطلاعات
annunciare (vt)	e'lām kardan	اعلام کردن
volo (m)	parvāz	پرواز
dogana (f)	gomrok	گمرک
doganiere (m)	ma'mur-e gomrok	مأمور گمرک
dichiarazione (f)	ežhār-nāme	اظهارنامه
riempire	por kardan	پر کردن
(~ una dichiarazione)		
riempire una dichiarazione	ezhār-nāme rā por kardan	اظهارنامه را پر کردن
controllo (m) passaporti	kontorol-e gozarnāme	کنترل گذرنامه
bagaglio (m)	bār	بار
bagaglio (m) a mano	bār-e dasti	بار دستی
carrello (m)	čarx-e hamle bar	چرخ حمل بار
atterraggio (m)	forud	فرود
pista (f) di atterraggio	bānd-e forudgāh	باند فرودگاه
atterrare (vi)	nešastan	نشستن
scaletta (f) dell'aereo	pellekān	پلکان
check-in (m)	ček in	چک این
banco (m) del check-in	bāje-ye kontorol	باجه کنترل
fare il check-in	čekin kardan	چکاین کردن
carta (f) d'imbarco	kārt-e parvāz	کارت پرواز
porta (f) d'imbarco	gi-yat xoruj	گیت خروج
transito (m)	terānzit	ترانزیت
aspettare (vt)	montazer budan	منتظر بودن

31

sala (f) d'attesa	tālār-e entezār	تالار انتظار
accompagnare (vt)	badraqe kardan	بدرقه کردن
congedarsi (vr)	xodāhāfezi kardan	خداحافظی کردن

24. Aeroplano

aereo (m)	havāpeymā	هواپیما
biglietto (m) aereo	belit-e havāpeymā	بلیط هواپیما
compagnia (f) aerea	šerkat-e havāpeymāyi	شرکت هواپیمایی
aeroporto (m)	forudgāh	فرودگاه
supersonico (agg)	māvarā sowt	ماوراء صوت

comandante (m)	kāpitān	کاپیتان
equipaggio (m)	xadame	خدمه
pilota (m)	xalabān	خلبان
hostess (f)	mehmāndār-e havāpeymā	مهماندار هواپیما
navigatore (m)	nāvbar	ناوبر

ali (f pl)	bāl-hā	بال ها
coda (f)	dam	دم
cabina (f)	kābin	کابین
motore (m)	motor	موتور

carrello (m) d'atterraggio	šāssi	شاسی
turbina (f)	turbin	توربین

elica (f)	parvāne	پروانه
scatola (f) nera	ja'be-ye siyāh	جعبه سیاه

barra (f) di comando	farmān	فرمان
combustibile (m)	suxt	سوخت

safety card (f)	dasturol'amal	دستورالعمل
maschera (f) ad ossigeno	māsk-e oksižen	ماسک اکسیژن
uniforme (f)	oniform	اونیفورم

giubbotto (m) di salvataggio	jeliqe-ye nejāt	جلیقة نجات
paracadute (m)	čatr-e nejāt	چترنجات

decollo (m)	parvāz	پرواز
decollare (vi)	parvāz kardan	پرواز کردن
pista (f) di decollo	bānd-e forudgāh	باند فرودگاه

visibilità (f)	meydān did	میدان دید
volo (m)	parvāz	پرواز

altitudine (f)	ertefā'	ارتفاع
vuoto (m) d'aria	čāle-ye havāyi	چاله هوایی

posto (m)	jā	جا
cuffia (f)	guši	گوشی
tavolinetto (m) pieghevole	sini-ye tāšow	سینی تاشو
oblò (m), finestrino (m)	panjere	پنجره
corridoio (m)	rāhrow	راهرو

25. Treno

treno (m)	qatār	قطار
elettrotreno (m)	qatār-e barqi	قطار برقی
treno (m) rapido	qatār-e sari'osseyr	قطار سریع السیر
locomotiva (f) diesel	lokomotiv-e dizel	لوکوموتیو دیزل
locomotiva (f) a vapore	lokomotiv-e boxar	لوکوموتیو بخار

carrozza (f)	vāgon	واگن
vagone (m) ristorante	vāgon-e resturān	واگن رستوران

rotaie (f pl)	reyl-hā	ریل ها
ferrovia (f)	rāh āhan	راه آهن
traversa (f)	reyl-e band	ریل بند

banchina (f) (~ ferroviaria)	sakku-ye rāh-āhan	سکوی راه آهن
binario (m) (~ 1, 2)	masir	مسیر
semaforo (m)	nešanar	نشانبر
stazione (f)	istgāh	ایستگاه

macchinista (m)	rānande	راننده
portabagagli (m)	bārbar	باربر
cuccettista (m, f)	rāhnamā-ye qatār	راهنمای قطار
passeggero (m)	mosāfer	مسافر
controllore (m)	kontorol či	کنترل چی

corridoio (m)	rāhrow	راهرو
freno (m) di emergenza	tormoz-e ezterāri	ترمز اضطراری

scompartimento (m)	kupe	کوپه
cuccetta (f)	taxt-e kupe	تخت کوپه
cuccetta (f) superiore	taxt-e bālā	تخت بالا
cuccetta (f) inferiore	taxt-e pāyin	تخت پایین
biancheria (f) da letto	raxt-e xāb	رخت خواب

biglietto (m)	belit	بلیط
orario (m)	barnāme	برنامه
tabellone (m) orari	barnāme-ye zamāni	برنامه زمانی

partire (vi)	tark kardan	ترک کردن
partenza (f)	harekat	حرکت
arrivare (di un treno)	residan	رسیدن
arrivo (m)	vorud	ورود

arrivare con il treno	bā qatār āmadan	با قطار آمدن
salire sul treno	savār-e qatār šodan	سوار قطار شدن
scendere dal treno	az qatār piyāde šodan	از قطار پیاده شدن

deragliamento (m)	sānehe	سانحه
deragliare (vi)	az xat xārej šodan	از خط خارج شدن

locomotiva (f) a vapore	lokomotiv-e boxar	لوکوموتیو بخار
fuochista (m)	ātaškār	آتشکار
forno (m)	ātašdān	آتشدان
carbone (m)	zoqāl sang	زغال سنگ

26. Nave

Italiano	Traslitterazione	Persiano
nave (f)	kešti	کشتی
imbarcazione (f)	kešti	کشتی
piroscafo (m)	kešti-ye boxāri	کشتی بخاری
barca (f) fluviale	qāyeq-e rudxāne	قایق رودخانه
transatlantico (m)	kešti-ye tafrihi	کشتی تفریحی
incrociatore (m)	razm nāv	رزم ناو
yacht (m)	qāyeq-e tafrihi	قایق تفریحی
rimorchiatore (m)	yadak keš	یدک کش
chiatta (f)	kešti-ye bārkeše yadaki	کشتی بارکش یدکی
traghetto (m)	kešti-ye farābar	کشتی فرابر
veliero (m)	kešti-ye bādbāni	کشتی بادبانی
brigantino (m)	košti dozdān daryā-yi	کشتی دزدان دریایی
rompighiaccio (m)	kešti-ye yaxšekan	کشتی یخ شکن
sottomarino (m)	zirdaryāyi	زیردریایی
barca (f)	qāyeq	قایق
scialuppa (f)	qāyeq-e tafrihi	قایق تفریحی
scialuppa (f) di salvataggio	qāyeq-e nejāt	قایق نجات
motoscafo (m)	qāyeq-e motori	قایق موتوری
capitano (m)	kāpitān	کاپیتان
marittimo (m)	malavān	ملوان
marinaio (m)	malavān	ملوان
equipaggio (m)	xadame	خدمه
nostromo (m)	sar malavān	سر ملوان
mozzo (m) di nave	šāgerd-e malavān	شاگرد ملوان
cuoco (m)	āšpaz-e kešti	آشپز کشتی
medico (m) di bordo	pezešk-e kešti	پزشک کشتی
ponte (m)	arše-ye kešti	عرشۀ کشتی
albero (m)	dakal	دکل
vela (f)	bādbān	بادبان
stiva (f)	anbār	انبار
prua (f)	sine-ye kešti	سینه کشتی
poppa (f)	aqab kešti	عقب کشتی
remo (m)	pāru	پارو
elica (f)	parvāne	پروانه
cabina (f)	otāq-e kešti	اتاق کشتی
quadrato (m) degli ufficiali	otāq-e afsarān	اتاق افسران
sala (f) macchine	motor xāne	موتور خانه
ponte (m) di comando	pol-e farmāndehi	پل فرماندهی
cabina (f) radiotelegrafica	kābin-e bisim	کابین بی سیم
onda (f)	mowj	موج
giornale (m) di bordo	roxdād nāme	رخداد نامه
cannocchiale (m)	teleskop	تلسکوپ
campana (f)	nāqus	ناقوس

bandiera (f)	parčam	پرچم
cavo (m) (~ d'ormeggio)	tanāb	طناب
nodo (m)	gereh	گره
ringhiera (f)	narde	نرده
passerella (f)	pol	پل
ancora (f)	langar	لنگر
levare l'ancora	langar kešidan	لنگر کشیدن
gettare l'ancora	langar andāxtan	لنگر انداختن
catena (f) dell'ancora	zanjir-e langar	زنجیر لنگر
porto (m)	bandar	بندر
banchina (f)	eskele	اسکله
ormeggiarsi (vr)	pahlu gereftan	پهلو گرفتن
salpare (vi)	tark kardan	ترک کردن
viaggio (m)	mosāferat	مسافرت
crociera (f)	safar-e daryāyi	سفر دریایی
rotta (f)	masir	مسیر
itinerario (m)	masir	مسیر
tratto (m) navigabile	kešti-ye ru	کشتی رو
secca (f)	mahall-e kam omq	محل کم عمق
arenarsi (vr)	be gel nešastan	به گل نشستن
tempesta (f)	tufān	طوفان
segnale (m)	alāmat	علامت
affondare (andare a fondo)	qarq šodan	غرق شدن
Uomo in mare!	kas-i dar hāl-e qarq šodan-ast!	کسی در حال غرق شدن است!
SOS	sos	SOS
salvagente (m) anulare	kamarband-e nejāt	کمربند نجات

35

CITTÀ

27. Mezzi pubblici in città

autobus (m)	otobus	اتوبوس
tram (m)	terāmvā	تراموا
filobus (m)	otobus-e barqi	اتوبوس برقی
itinerario (m)	xat	خط
numero (m)	šomāre	شماره

andare in ...	raftan bā	رفتن با
salire (~ sull'autobus)	savār šodan	سوار شدن
scendere da ...	piyāde šodan	پیاده شدن

fermata (f) (~ dell'autobus)	istgāh-e otobus	ایستگاه اتوبوس
prossima fermata (f)	istgāh-e ba'di	ایستگاه بعدی
capolinea (m)	istgāh-e āxar	ایستگاه آخر
orario (m)	barnāme	برنامه
aspettare (vt)	montazer budan	منتظر بودن

biglietto (m)	belit	بلیط
prezzo (m) del biglietto	qeymat-e belit	قیمت بلیط

cassiere (m)	sanduqdār	صندوقدار
controllo (m) dei biglietti	kontorol-e belit	کنترل بلیط
bigliettaio (m)	kontorol či	کنترل چی

essere in ritardo	ta'xir dāštan	تأخیرداشتن
perdere (~ il treno)	az dast dādan	از دست دادن
avere fretta	ajale kardan	عجله کردن

taxi (m)	tāksi	تاکسی
taxista (m)	rānande-ye tāksi	راننده تاکسی
in taxi	bā tāksi	با تاکسی
parcheggio (m) di taxi	istgāh-e tāksi	ایستگاه تاکسی
chiamare un taxi	tāksi gereftan	تاکسی گرفتن
prendere un taxi	tāksi gereftan	تاکسی گرفتن

traffico (m)	obur-o morur	عبور و مرور
ingorgo (m)	terāfik	ترافیک
ore (f pl) di punta	sā'at-e šoluqi	ساعت شلوغی
parcheggiarsi (vr)	pārk kardan	پارک کردن
parcheggiare (vt)	pārk kardan	پارک کردن
parcheggio (m)	pārking	پارکینگ

metropolitana (f)	metro	مترو
stazione (f)	istgāh	ایستگاه
prendere la metropolitana	bā metro raftan	با مترو رفتن
treno (m)	qatār	قطار
stazione (f) ferroviaria	istgāh-e rāh-e āhan	ایستگاه راه آهن

28. Città. Vita di città

città (f)	šahr	شهر
capitale (f)	pāytaxt	پایتخت
villaggio (m)	rustā	روستا
mappa (f) della città	naqše-ye šahr	نقشۀ شهر
centro (m) della città	markaz-e šahr	مرکز شهر
sobborgo (m)	hume-ye šahr	حومۀ شهر
suburbano (agg)	hume-ye šahr	حومۀ شهر
periferia (f)	hume	حومه
dintorni (m pl)	hume	حومه
isolato (m)	mahalle	محله
quartiere residenziale	mahalle-ye maskuni	محلۀ مسکونی
traffico (m)	obur-o morur	عبور و مرور
semaforo (m)	čerāq-e rāhnamā	چراغ راهنما
trasporti (m pl) urbani	haml-o naql-e šahri	حمل و نقل شهری
incrocio (m)	čahārrāh	چهارراه
passaggio (m) pedonale	xatt-e āber-e piyāde	خط عابرپیاده
sottopassaggio (m)	zir-e gozar	زیر گذر
attraversare (vt)	obur kardan	عبور کردن
pedone (m)	piyāde	پیاده
marciapiede (m)	piyāde row	پیاده رو
ponte (m)	pol	پل
banchina (f)	xiyābān-e sāheli	خیابان ساحلی
fontana (f)	češme	چشمه
vialetto (m)	bāq rāh	باغ راه
parco (m)	pārk	پارک
boulevard (m)	bolvār	بولوار
piazza (f)	meydān	میدان
viale (m), corso (m)	xiyābān	خیابان
via (f), strada (f)	xiyābān	خیابان
vicolo (m)	kuče	کوچه
vicolo (m) cieco	bon bast	بن بست
casa (f)	xāne	خانه
edificio (m)	sāxtemān	ساختمان
grattacielo (m)	āsemānxarāš	آسمانخراش
facciata (f)	namā	نما
tetto (m)	bām	بام
finestra (f)	panjere	پنجره
arco (m)	tāq-e qowsi	طاق قوسی
colonna (f)	sotun	ستون
angolo (m)	nabš	نبش
vetrina (f)	vitrin	ویترین
insegna (f) (di negozi, ecc.)	tāblo	تابلو
cartellone (m)	poster	پوستر
cartellone (m) pubblicitario	poster-e tabliqāti	پوستر تبلیغاتی

tabellone (m) pubblicitario	bilbord	بیلبورد
pattume (m), spazzatura (f)	āšqāl	آشغال
pattumiera (f)	satl-e āšqāl	سطل آشغال
sporcare (vi)	kasif kardan	کثیف کردن
discarica (f) di rifiuti	jā-ye dafn-e āšqāl	جای دفن آشغال
cabina (f) telefonica	kābin-e telefon	کابین تلفن
lampione (m)	tir-e barq	تیر برق
panchina (f)	nimkat	نیمکت
poliziotto (m)	polis	پلیس
polizia (f)	polis	پلیس
mendicante (m)	gedā	گدا
barbone (m)	bi xānomān	بی خانمان

29. Servizi cittadini

negozio (m)	maqāze	مغازه
farmacia (f)	dāruxāne	داروخانه
ottica (f)	eynak foruši	عینک فروشی
centro (m) commerciale	markaz-e tejāri	مرکز تجاری
supermercato (m)	supermārket	سوپرمارکت
panetteria (f)	nānvāyi	نانوایی
fornaio (m)	nānvā	نانوا
pasticceria (f)	qannādi	قنادی
drogheria (f)	baqqāli	بقالی
macelleria (f)	gušt foruši	گوشت فروشی
fruttivendolo (m)	sabzi foruši	سبزی فروشی
mercato (m)	bāzār	بازار
caffè (m)	kāfe	کافه
ristorante (m)	resturān	رستوران
birreria (f), pub (m)	bār	بار
pizzeria (f)	pitzā-foruši	پیتزا فروشی
salone (m) di parrucchiere	ārāyešgāh	آرایشگاه
ufficio (m) postale	post	پست
lavanderia (f) a secco	xošk-šuyi	خشک‌شویی
studio (m) fotografico	ātolye-ye akkāsi	آتلیۀ عکاسی
negozio (m) di scarpe	kafš foruši	کفش فروشی
libreria (f)	ketāb-foruši	کتاب فروشی
negozio (m) sportivo	maqāze-ye varzeši	مغازۀ ورزشی
riparazione (f) di abiti	ta'mir-e lebās	تعمیر لباس
noleggio (m) di abiti	kerāye-ye lebās	کرایۀ لباس
noleggio (m) di film	kerāye-ye film	کرایۀ فیلم
circo (m)	sirak	سیرک
zoo (m)	bāq-e vahš	باغ وحش
cinema (m)	sinamā	سینما
museo (m)	muze	موزه

biblioteca (f)	ketābxāne	كتابخانه
teatro (m)	teātr	تئاتر
teatro (m) dell'opera	operā	اپرا
locale notturno (m)	kābāre	كاباره
casinò (m)	kāzino	كازينو

moschea (f)	masjed	مسجد
sinagoga (f)	kenešt	كنشت
cattedrale (f)	kelisā-ye jāme'	كليساى جامع
tempio (m)	ma'bad	معبد
chiesa (f)	kelisā	كليسا

istituto (m)	anistito	انستيتو
università (f)	dānešgāh	دانشگاه
scuola (f)	madrese	مدرسه

prefettura (f)	ostāndāri	استاندارى
municipio (m)	šahrdāri	شهردارى
albergo, hotel (m)	hotel	هتل
banca (f)	bānk	بانك

ambasciata (f)	sefārat	سفارت
agenzia (f) di viaggi	āžāns-e jahāngardi	آژانس جهانگردى
ufficio (m) informazioni	daftar-e ettelāāt	دفتر اطلاعات
ufficio (m) dei cambi	sarrāfi	صرافى

| metropolitana (f) | metro | مترو |
| ospedale (m) | bimārestān | بيمارستان |

| distributore (m) di benzina | pomp-e benzin | پمپ بنزين |
| parcheggio (m) | pārking | پاركينگ |

30. Cartelli

insegna (f) (di negozi, ecc.)	tāblo	تابلو
iscrizione (f)	nevešte	نوشته
cartellone (m)	poster	پوستر
segnale (m) di direzione	rāhnamā	راهنما
freccia (f)	alāmat	علامت

avvertimento (m)	ehtiyāt	احتياط
avviso (m)	alāmat-e hošdār	علامت هشدار
avvertire, avvisare (vt)	hošdār dādan	هشدار دادن

giorno (m) di riposo	ruz-e ta'til	روز تعطيل
orario (m)	jadval	جدول
orario (m) di apertura	sā'athā-ye kāri	ساعت هاى كارى

BENVENUTI!	xoš āmadid	خوش آمديد
ENTRATA	vorud	ورود
USCITA	xoruj	خروج

| SPINGERE | hel dādan | هل دادن |
| TIRARE | bekešid | بكشيد |

| APERTO | bāz | باز |
| CHIUSO | baste | بسته |

| DONNE | zanāne | زنانه |
| UOMINI | mardāne | مردانه |

SCONTI	taxfif	تخفیف
SALDI	harāj	حراج
NOVITÀ!	jadid	جدید
GRATIS	majjāni	مجانی

ATTENZIONE!	tavajjoh	توجه
COMPLETO	otāq-e xāli nadārim	اتاق خالی نداریم
RISERVATO	rezerv šode	رزرو شده

AMMINISTRAZIONE	edāre	اداره
RISERVATO	xāse personel	خاص پرسنل
AL PERSONALE		

ATTENTI AL CANE	movāzeb-e sag bāšid	مواظب سگ باشید
VIETATO FUMARE!	sigār kešidan mamnu'	سیگار کشیدن ممنوع
NON TOCCARE	dast nazanid	دست نزنید

PERICOLOSO	xatarnāk	خطرناک
PERICOLO	xatar	خطر
ALTA TENSIONE	voltāj bālā	ولتاژ بالا
DIVIETO DI BALNEAZIONE	šenā mamnu'	شنا ممنوع
GUASTO	xārāb	خراب

INFIAMMABILE	qābel-e ehterāq	قابل احتراق
VIETATO	mamnu'	ممنوع
VIETATO L'INGRESSO	obur mamnu'	عبور ممنوع
VERNICE FRESCA	rang-e xis	رنگ خیس

31. Acquisti

comprare (vt)	xarid kardan	خرید کردن
acquisto (m)	xarid	خرید
fare acquisti	xarid kardan	خرید کردن
shopping (m)	xarid	خرید

| essere aperto (negozio) | bāz budan | باز بودن |
| essere chiuso | baste budan | بسته بودن |

calzature (f pl)	kafš	کفش
abbigliamento (m)	lebās	لباس
cosmetica (f)	lavāzem-e ārāyeši	لوازم آرایشی
alimentari (m pl)	mavādd-e qazāyi	مواد غذایی
regalo (m)	hedye	هدیه

commesso (m)	forušande	فروشنده
commessa (f)	forušande-ye zan	فروشنده زن
cassa (f)	sanduq	صندوق
specchio (m)	āyene	آینه

banco (m)	pišxān	پیشخوان
camerino (m)	otāq porov	اتاق پرو
provare (~ un vestito)	emtehān kardan	امتحان کردن
stare bene (vestito)	monāseb budan	مناسب بودن
piacere (vi)	dust dāštan	دوست داشتن
prezzo (m)	qeymat	قیمت
etichetta (f) del prezzo	barčasb-e qeymat	برچسب قیمت
costare (vt)	qeymat dāštan	قیمت داشتن
Quanto?	čeqadr?	چقدر؟
sconto (m)	taxfif	تخفیف
no muy caro (agg)	arzān	ارزان
a buon mercato	arzān	ارزان
caro (agg)	gerān	گران
È caro	gerān ast	گران است
noleggio (m)	kerāye	کرایه
noleggiare (~ un abito)	kerāye kardan	کرایه کردن
credito (m)	vām	وام
a credito	xarid-e e'tebāri	خرید اعتباری

ABBIGLIAMENTO E ACCESSORI

32. Indumenti. Soprabiti

vestiti (m pl)	lebās	لباس
soprabito (m)	lebās-e ru	لباس رو
abiti (m pl) invernali	lebās-e zemestāni	لباس زمستانی
cappotto (m)	pāltow	پالتو
pelliccia (f)	pālto-ye pustin	پالتوی پوستین
pellicciotto (m)	kot-e pustin	کت پوستین
piumino (m)	kāpšan	کاپشن
giubbotto (m), giaccha (f)	kot	کت
impermeabile (m)	bārāni	بارانی
impermeabile (agg)	zed-e āb	ضد آب

33. Abbigliamento uomo e donna

camicia (f)	pirāhan	پیراهن
pantaloni (m pl)	šalvār	شلوار
jeans (m pl)	jin	جین
giacca (f) (~ di tweed)	kot	کت
abito (m) da uomo	kat-o šalvār	کت و شلوار
abito (m)	lebās	لباس
gonna (f)	dāman	دامن
camicetta (f)	boluz	بلوز
giacca (f) a maglia	jeliqe-ye kešbāf	جلیقه کشباف
giacca (f) tailleur	kot	کت
maglietta (f)	tey šarr-at	تی شرت
pantaloni (m pl) corti	šalvarak	شلوارک
tuta (f) sportiva	lebās-e varzeši	لباس ورزشی
accappatoio (m)	howle-ye hamām	حوله حمام
pigiama (m)	pižāme	پیژامه
maglione (m)	poliver	پلیور
pullover (m)	poliver	پلیور
gilè (m)	jeliqe	جلیقه
frac (m)	kat-e dāman gerd	کت دامن گرد
smoking (m)	esmoking	اسموکینگ
uniforme (f)	oniform	اونیفورم
tuta (f) da lavoro	lebās-e kār	لباس کار
salopette (f)	rupuš	روپوش
camice (m) (~ del dottore)	rupuš	روپوش

34. Abbigliamento. Biancheria intima

biancheria (f) intima	lebās-e zir	لباس زیر
boxer (m pl)	šort-e bākser	شورت باکسر
mutandina (f)	šort-e zanāne	شورت زنانه
maglietta (f) intima	zir-e pirāhan-i	زیر پیراهنی
calzini (m pl)	jurāb	جوراب
camicia (f) da notte	lebās-e xāb	لباس خواب
reggiseno (m)	sine-ye band	سینه بند
calzini (m pl) alti	sāq	ساق
collant (m)	jurāb-e šalvāri	جوراب شلواری
calze (f pl)	jurāb-e sāqeboland	جوراب ساقه بلند
costume (m) da bagno	māyo	مایو

35. Copricapo

cappello (m)	kolāh	کلاه
cappello (m) di feltro	šāpo	شاپو
cappello (m) da baseball	kolāh beysbāl	کلاه بیس بال
coppola (f)	kolāh-e taxt	کلاه تخت
basco (m)	kolāh barre	کلاه بره
cappuccio (m)	kolāh-e bārāni	کلاه بارانی
panama (m)	kolāh-e dowre-ye boland	کلاه دوره بلند
berretto (m) a maglia	kolāh-e bāftani	کلاه بافتنی
fazzoletto (m) da capo	rusari	روسری
cappellino (m) donna	kolāh-e zanāne	کلاه زنانه
casco (m) (~ di sicurezza)	kolāh-e imeni	کلاه ایمنی
bustina (f)	kolāh-e pādegān	کلاه پادگان
casco (m) (~ moto)	kolāh-e imeni	کلاه ایمنی
bombetta (f)	kolāh-e namadi	کلاه نمدی
cilindro (m)	kolāh-e ostovānei	کلاه استوانه ای

36. Calzature

calzature (f pl)	kafš	کفش
stivaletti (m pl)	putin	پوتین
scarpe (f pl)	kafš	کفش
stivali (m pl)	čakme	چکمه
pantofole (f pl)	dampāyi	دمپایی
scarpe (f pl) da tennis	kafš katān-i	کفش کتانی
scarpe (f pl) da ginnastica	kafš katān-i	کفش کتانی
sandali (m pl)	sandal	صندل
calzolaio (m)	kaffāš	کفاش
tacco (m)	pāšne-ye kafš	پاشنۀ کفش

paio (m)	yek joft	یک جفت
laccio (m)	band-e kafš	بند کفش
allacciare (vt)	band-e kafš bastan	بند کفش بستن
calzascarpe (m)	pāšne keš	پاشنه کش
lucido (m) per le scarpe	vāks	واکس

37. Accessori personali

guanti (m pl)	dastkeš	دستکش
manopole (f pl)	dastkeš-e yek angošti	دستکش یک انگشتی
sciarpa (f)	šāl-e gardan	شال گردن

occhiali (m pl)	eynak	عینک
montatura (f)	qāb	قاب
ombrello (m)	čatr	چتر
bastone (m)	asā	عصا
spazzola (f) per capelli	bores-e mu	برس مو
ventaglio (m)	bādbezan	بادبزن

cravatta (f)	kerāvāt	کراوات
cravatta (f) a farfalla	pāpiyon	پاپیون
bretelle (f pl)	band šalvār	بند شلوار
fazzoletto (m)	dastmāl	دستمال

pettine (m)	šāne	شانه
fermaglio (m)	sanjāq-e mu	سنجاق مو
forcina (f)	sanjāq-e mu	سنجاق مو
fibbia (f)	sagak	سگک

| cintura (f) | kamarband | کمربند |
| spallina (f) | tasme | تسمه |

borsa (f)	keyf	کیف
borsetta (f)	keyf-e zanāne	کیف زنانه
zaino (m)	kule pošti	کوله پشتی

38. Abbigliamento. Varie

moda (f)	mod	مد
di moda	mod	مد
stilista (m)	tarrāh-e lebas	طراح لباس

collo (m)	yaqe	یقه
tasca (f)	jib	جیب
tascabile (agg)	jibi	جیبی
manica (f)	āstin	آستین
asola (f) per appendere	band-e āviz	بند آویز
patta (f) (~ dei pantaloni)	zip	زیپ

cerniera (f) lampo	zip	زیپ
chiusura (f)	sagak	سگک
bottone (m)	dokme	دکمه

| occhiello (m) | surāx-e dokme | سوراخ دکمه |
| staccarsi (un bottone) | kande šodan | کنده شدن |

cucire (vi, vt)	duxtan	دوختن
ricamare (vi, vt)	golduzi kardan	گلدوزی کردن
ricamo (m)	golduzi	گلدوزی
ago (m)	suzan	سوزن
filo (m)	nax	نخ
cucitura (f)	darz	درز

sporcarsi (vr)	kasif šodan	کثیف شدن
macchia (f)	lakke	لکه
sgualcirsi (vr)	čoruk šodan	چروک شدن
strappare (vt)	pāre kardan	پاره کردن
tarma (f)	šab parre	شب پره

39. Cura della persona. Cosmetici

dentifricio (m)	xamir-e dandān	خمیر دندان
spazzolino (m) da denti	mesvāk	مسواک
lavarsi i denti	mesvāk zadan	مسواک زدن

rasoio (m)	tiq	تیغ
crema (f) da barba	kerem-e riš tarāši	کرم ریش تراشی
rasarsi (vr)	riš tarāšidan	ریش تراشیدن

| sapone (m) | sābun | صابون |
| shampoo (m) | šāmpu | شامپو |

forbici (f pl)	qeyči	قیچی
limetta (f)	sohan-e nāxon	سوهان ناخن
tagliaunghie (m)	nāxon gir	ناخن گیر
pinzette (f pl)	mučin	موچین

cosmetica (f)	lavāzem-e ārāyeši	لوازم آرایشی
maschera (f) di bellezza	māsk	ماسک
manicure (m)	mānikur	مانیکور
fare la manicure	mānikur kardan	مانیکور کردن
pedicure (m)	pedikur	پدیکور

borsa (f) del trucco	kife lavāzem-e ārāyeši	کیف لوازم آرایشی
cipria (f)	pudr	پودر
portacipria (m)	ja'be-ye pudr	جعبۀ پودر
fard (m)	sorxāb	سرخاب

profumo (m)	atr	عطر
acqua (f) da toeletta	atr	عطر
lozione (f)	losiyon	لوسیون
acqua (f) di Colonia	odkolon	اودکلن

ombretto (m)	sāye-ye češm	سایه چشم
eyeliner (m)	medād čašm	مداد چشم
mascara (m)	rimel	ریمل
rossetto (m)	mātik	ماتیک

smalto (m)	lāk-e nāxon	لاک ناخن
lacca (f) per capelli	esperey-ye mu	اسپری مو
deodorante (m)	deodyrant	دئودورانت

crema (f)	kerem	کرم
crema (f) per il viso	kerem-e surat	کرم صورت
crema (f) per le mani	kerem-e dast	کرم دست
crema (f) antirughe	kerem-e zedd-e čoruk	کرم ضد چروک
crema (f) da giorno	kerem-e ruz	کرم روز
crema (f) da notte	kerem-e šab	کرم شب
da giorno	ruzāne	روزانه
da notte	šab	شب

tampone (m)	tāmpon	تامپون
carta (f) igienica	kāqaz-e tuālet	کاغذ توالت
fon (m)	sešovār	سشوار

40. Orologi da polso. Orologio

orologio (m) (~ da polso)	sā'at-e moči	ساعت مچی
quadrante (m)	safhe-ye sā'at	صفحهٔ ساعت
lancetta (f)	aqrabe	عقربه
braccialetto (m)	band-e sāat	بند ساعت
cinturino (m)	band-e čarmi	بند چرمی

pila (f)	bātri	باطری
essere scarico	tamām šodan bātri	تمام شدن باتری
cambiare la pila	bātri avaz kardan	باطری عوض کردن
andare avanti	jelo oftādan	جلو افتادن
andare indietro	aqab māndan	عقب ماندن

orologio (m) da muro	sā'at-e divāri	ساعت دیواری
clessidra (f)	sā'at-e šeni	ساعت شنی
orologio (m) solare	sā'at-e āftābi	ساعت آفتابی
sveglia (f)	sā'at-e zang dār	ساعت زنگ دار
orologiaio (m)	sā'at sāz	ساعت ساز
riparare (vt)	ta'mir kardan	تعمیر کردن

L'ESPERIENZA QUOTIDIANA

41. Denaro

soldi (m pl)	pul	پول
cambio (m)	tabdil-e arz	تبدیل ارز
corso (m) di cambio	nerx-e arz	نرخ ارز
bancomat (m)	xodpardāz	خودپرداز
moneta (f)	sekke	سکه
dollaro (m)	dolār	دلار
euro (m)	yuro	یورو
lira (f)	lire	لیره
marco (m)	mārk	مارک
franco (m)	farānak	فرانک
sterlina (f)	pond-e esterling	پوند استرلینگ
yen (m)	yen	ین
debito (m)	qarz	قرض
debitore (m)	bedehkār	بدهکار
prestare (~ i soldi)	qarz dādan	قرض دادن
prendere in prestito	qarz gereftan	قرض گرفتن
banca (f)	bānk	بانک
conto (m)	hesāb-e bānki	حساب بانکی
versare (vt)	rixtan	ریختن
versare sul conto	be hesāb rixtan	به حساب ریختن
prelevare dal conto	az hesāb bardāštan	از حساب برداشتن
carta (f) di credito	kārt-e e'tebāri	کارت اعتباری
contanti (m pl)	pul-e naqd	پول نقد
assegno (m)	ček	چک
emettere un assegno	ček neveštan	چک نوشتن
libretto (m) di assegni	daste-ye ček	دسته چک
portafoglio (m)	kif-e pul	کیف پول
borsellino (m)	kif-e pul	کیف پول
cassaforte (f)	gāvsanduq	گاوصندوق
erede (m)	vāres	وارث
eredità (f)	mirās	میراث
fortuna (f)	dārāyi	دارایی
affitto (m), locazione (f)	ejāre	اجاره
canone (m) d'affitto	kerāye-ye xāne	کرایۀ خانه
affittare (dare in affitto)	ejāre kardan	اجاره کردن
prezzo (m)	qeymat	قیمت
costo (m)	arzeš	ارزش

somma (f)	jam'-e kol	جمع کل
spendere (vt)	xarj kardan	خرج کردن
spese (f pl)	maxārej	مخارج
economizzare (vi, vt)	sarfeju-yi kardan	صرفه جویی کردن
economico (agg)	maqrun besarfe	مقرون به صرفه

pagare (vi, vt)	pardāxtan	پرداختن
pagamento (m)	pardāxt	پرداخت
resto (m) (dare il ~)	pul-e xerad	پول خرد

imposta (f)	māliyāt	مالیات
multa (f), ammenda (f)	jarime	جریمه
multare (vt)	jarime kardan	جریمه کردن

42. Posta. Servizio postale

ufficio (m) postale	post	پست
posta (f) (lettere, ecc.)	post	پست
postino (m)	nāme resān	نامه رسان
orario (m) di apertura	sā'athā-ye kāri	ساعت های کاری

lettera (f)	nāme	نامه
raccomandata (f)	nāme-ye sefāreši	نامه سفارشی
cartolina (f)	kārt-e postāl	کارت پستال
telegramma (m)	telegrām	تلگرام
pacco (m) postale	baste posti	بسته پستی
vaglia (m) postale	havāle	حواله

ricevere (vt)	gereftan	گرفتن
spedire (vt)	ferestādan	فرستادن
invio (m)	ersāl	ارسال
indirizzo (m)	nešāni	نشانی
codice (m) postale	kod-e posti	کد پستی
mittente (m)	ferestande	فرستنده
destinatario (m)	girande	گیرنده

nome (m)	esm	اسم
cognome (m)	nām-e xānevādegi	نام خانوادگی
tariffa (f)	ta'refe	تعرفه
ordinario (agg)	ādi	عادی
standard (agg)	ādi	عادی

peso (m)	vazn	وزن
pesare (vt)	vazn kardan	وزن کردن
busta (f)	pākat	پاکت
francobollo (m)	tambr	تمبر
affrancare (vt)	tamr zadan	تمبر زدن

43. Attività bancaria

| banca (f) | bānk | بانک |
| filiale (f) | šo'be | شعبه |

consulente (m)	mošāver	مشاور
direttore (m)	modir	مدیر

conto (m) bancario	hesāb-e bānki	حساب بانکی
numero (m) del conto	šomāre-ye hesāb	شمارهٔ حساب
conto (m) corrente	hesāb-e jāri	حساب جاری
conto (m) di risparmio	hesāb-e pasandāz	حساب پس انداز

aprire un conto	hesāb-e bāz kardan	حساب باز کردن
chiudere il conto	hesāb rā bastan	حساب را بستن
versare sul conto	be hesāb rixtan	به حساب ریختن
prelevare dal conto	az hesāb bardāštan	از حساب برداشتن

deposito (m)	seporde	سپرده
depositare (vt)	seporde gozāštan	سپرده گذاشتن
trasferimento (m) telegrafico	enteqāl	انتقال
rimettere i soldi	enteqāl dādan	انتقال دادن

somma (f)	jam'-e kol	جمع کل
Quanto?	čeqadr?	چقدر؟

firma (f)	emzā’	امضاء
firmare (vt)	emzā kardan	امضا کردن

carta (f) di credito	kārt-e e'tebāri	کارت اعتباری
codice (m)	kod	کد
numero (m) della carta di credito	šomāre-ye kārt-e e'tebāri	شماره کارت اعتباری
bancomat (m)	xodpardāz	خودپرداز

assegno (m)	ček	چک
emettere un assegno	ček neveštan	چک نوشتن
libretto (m) di assegni	daste-ye ček	دسته چک

prestito (m)	e'tebār	اعتبار
fare domanda per un prestito	darxāst-e vam kardan	درخواست وام کردن
ottenere un prestito	vām gereftan	وام گرفتن
concedere un prestito	vām dādan	وام دادن
garanzia (f)	zemānat	ضمانت

44. Telefono. Conversazione telefonica

telefono (m)	telefon	تلفن
telefonino (m)	telefon-e hamrāh	تلفن همراه
segreteria (f) telefonica	monši-ye telefoni	منشی تلفنی

telefonare (vi, vt)	telefon zadan	تلفن زدن
chiamata (f)	tamās-e telefoni	تماس تلفنی

comporre un numero	šomāre gereftan	شماره گرفتن
Pronto!	alo!	الو!
chiedere (domandare)	porsidan	پرسیدن
rispondere (vi, vt)	javāb dādan	جواب دادن
udire (vt)	šenidan	شنیدن

bene	xub	خوب
male	bad	بد
disturbi (m pl)	sedā	صدا

cornetta (f)	guši	گوشی
alzare la cornetta	guši rā bar dāštan	گوشی را برداشتن
riattaccare la cornetta	guši rā gozāštan	گوشی را گذاشتن

occupato (agg)	mašqul	مشغول
squillare (del telefono)	zang zadan	زنگ زدن
elenco (m) telefonico	daftar-e telefon	دفتر تلفن

locale (agg)	mahalli	محلی
telefonata (f) urbana	telefon-e dāxeli	تلفن داخلی
interurbano (agg)	beyn-e šahri	بین شهری
telefonata (f) interurbana	telefon-e beyn-e šahri	تلفن بین شهری
internazionale (agg)	beynolmelali	بین المللی
telefonata (f) internazionale	telefon-e beynolmelali	تلفن بین المللی

45. Telefono cellulare

telefonino (m)	telefon-e hamrāh	تلفن همراه
schermo (m)	namāyešgar	نمایشگر
tasto (m)	dokme	دکمه
scheda SIM (f)	sim-e kārt	سیم کارت

pila (f)	bātri	باطری
essere scarico	tamām šodan bātri	تمام شدن باتری
caricabatteria (m)	šāržer	شارژ

menù (m)	meno	منو
impostazioni (f pl)	tanzimāt	تنظیمات
melodia (f)	āhang	آهنگ
scegliere (vt)	entexāb kardan	انتخاب کردن

calcolatrice (f)	māšin-e hesāb	ماشین حساب
segreteria (f) telefonica	monši-ye telefoni	منشی تلفنی
sveglia (f)	sā'at-e zang dār	ساعت زنگ دار
contatti (m pl)	daftar-e telefon	دفتر تلفن

messaggio (m) SMS	payāmak	پیامک
abbonato (m)	moštarek	مشترک

46. Articoli di cancelleria

penna (f) a sfera	xodkār	خودکار
penna (f) stilografica	xodnevis	خودنویس

matita (f)	medād	مداد
evidenziatore (m)	māžik	ماژیک
pennarello (m)	māžik	ماژیک
taccuino (m)	daftar-e yāddāšt	دفتر یادداشت

agenda (f)	daftar-e yāddāšt	دفتر یادداشت
righello (m)	xat keš	خط کش
calcolatrice (f)	māšin-e hesāb	ماشین حساب
gomma (f) per cancellare	pāk kon	پاک کن
puntina (f)	punez	پونز
graffetta (f)	gire	گیره

colla (f)	časb	چسب
pinzatrice (f)	mangane-ye zan	منگنه زن
perforatrice (f)	pānč	پانچ
temperamatite (m)	madād-e tarāš	مداد تراش

47. Lingue straniere

lingua (f)	zabān	زبان
straniero (agg)	xāreji	خارجی
lingua (f) straniera	zabān-e xāreji	زبان خارجی
studiare (vt)	dars xāndan	درس خواندن
imparare (una lingua)	yād gereftan	یاد گرفتن

leggere (vi, vt)	xāndan	خواندن
parlare (vi, vt)	harf zadan	حرف زدن
capire (vt)	fahmidan	فهمیدن
scrivere (vi, vt)	neveštan	نوشتن

rapidamente	sari'	سریع
lentamente	āheste	آهسته
correntemente	ravān	روان

regole (f pl)	qavā'ed	قواعد
grammatica (f)	gerāmer	گرامر
lessico (m)	vājegān	واژگان
fonetica (f)	āvā-šenāsi	آواشناسی

manuale (m)	ketāb-e darsi	کتاب درسی
dizionario (m)	farhang-e loqat	فرهنگ لغت
manuale (m) autodidattico	xod-āmuz	خودآموز
frasario (m)	ketāb-e mokāleme	کتاب مکالمه

cassetta (f)	kāst	کاست
videocassetta (f)	kāst-e video	کاست ویدئو
CD (m)	si-di	سیدی
DVD (m)	dey vey dey	دی وی دی

alfabeto (m)	alefbā	الفبا
compitare (vt)	heji kardan	هجی کردن
pronuncia (f)	talaffoz	تلفظ

accento (m)	lahje	لهجه
con un accento	bā lahje	با لهجه
senza accento	bi lahje	بی لهجه

vocabolo (m)	kalame	کلمه
significato (m)	ma'ni	معنی

corso (m) (~ di francese)	dowre	دوره
iscriversi (vr)	nām-nevisi kardan	نام نویسی کردن
insegnante (m, f)	ostād	استاد
traduzione (f) (fare una ~)	tarjome	ترجمه
traduzione (f) (un testo)	tarjome	ترجمه
traduttore (m)	motarjem	مترجم
interprete (m)	motarjem-e šafāhi	مترجم شفاهی
poliglotta (m)	čand zabāni	چند زبانی
memoria (f)	hāfeze	حافظه

PASTI. RISTORANTE

48. Preparazione della tavola

cucchiaio (m)	qāšoq	قاشق
coltello (m)	kārd	کارد
forchetta (f)	čangāl	چنگال
tazza (f)	fenjān	فنجان
piatto (m)	bošqāb	بشقاب
piattino (m)	na'lbeki	نعلبکی
tovagliolo (m)	dastmāl	دستمال
stuzzicadenti (m)	xelāl-e dandān	خلال دندان

49. Ristorante

ristorante (m)	resturān	رستوران
caffè (m)	kāfe	کافه
pub (m), bar (m)	bār	بار
sala (f) da tè	qahve xāne	قهوه خانه
cameriere (m)	pišxedmat	پیشخدمت
cameriera (f)	pišxedmat	پیشخدمت
barista (m)	motesaddi-ye bār	متصدی بار
menù (m)	meno	منو
lista (f) dei vini	kārt-e šarāb	کارت شراب
prenotare un tavolo	miz rezerv kardan	میز رزرو کردن
piatto (m)	qazā	غذا
ordinare (~ il pranzo)	sefāreš dādan	سفارش دادن
fare un'ordinazione	sefāreš dādan	سفارش دادن
aperitivo (m)	mašrub-e piš qazā	مشروب پیش غذا
antipasto (m)	piš qazā	پیش غذا
dolce (m)	deser	دسر
conto (m)	surat hesāb	صورت حساب
pagare il conto	surat-e hesāb rā pardāxtan	صورت حساب را پرداختن
dare il resto	baqiye rā dādan	بقیه را دادن
mancia (f)	an'ām	انعام

50. Pasti

cibo (m)	qazā	غذا
mangiare (vi, vt)	xordan	خوردن

colazione (f)	sobhāne	صبحانه
fare colazione	sobhāne xordan	صبحانه خوردن
pranzo (m)	nāhār	ناهار
pranzare (vi)	nāhār xordan	ناهار خوردن
cena (f)	šām	شام
cenare (vi)	šām xordan	شام خوردن

| appetito (m) | eštehā | اشتها |
| Buon appetito! | nuš-e jān | نوش جان |

aprire (vt)	bāz kardan	باز کردن
rovesciare (~ il vino, ecc.)	rixtan	ریختن
rovesciarsi (vr)	rixtan	ریختن

bollire (vi)	jušidan	جوشیدن
far bollire	jušāndan	جوشاندن
bollito (agg)	jušide	جوشیده
raffreddare (vt)	sard kardan	سرد کردن
raffreddarsi (vr)	sard šodan	سرد شدن

| gusto (m) | maze | مزه |
| retrogusto (m) | maze | مزه |

essere a dieta	lāqar kardan	لاغر کردن
dieta (f)	režim	رژیم
vitamina (f)	vitāmin	ویتامین
caloria (f)	kālori	کالری
vegetariano (m)	giyāh xār	گیاه خوار
vegetariano (agg)	giyāh xāri	گیاه خواری

grassi (m pl)	čarbi-hā	چربی ها
proteine (f pl)	porotein	پروتئین
carboidrati (m pl)	karbohidrāt-hā	کربو هیدرات ها

fetta (f), fettina (f)	qet'e	قطعه
pezzo (m) (~ di torta)	tekke	تکه
briciola (f) (~ di pane)	zarre	ذره

51. Pietanze cucinate

piatto (m) (~ principale)	qazā	غذا
cucina (f)	qazā	غذا
ricetta (f)	dastur-e poxt	دستور پخت
porzione (f)	pors	پرس

| insalata (f) | sālād | سالاد |
| minestra (f) | sup | سوپ |

brodo (m)	pāye-ye sup	پایه سوپ
panino (m)	sāndevič	ساندویچ
uova (f pl) al tegamino	nimru	نیمرو

| hamburger (m) | hamberger | همبرگر |
| bistecca (f) | esteyk | استیک |

contorno (m)	moxallafāt	مخلفات
spaghetti (m pl)	espāgeti	اسپاگتی
purè (m) di patate	pure-ye sibi zamini	پورۀ سیب زمینی
pizza (f)	pitzā	پیتزا
porridge (m)	šurbā	شوربا
frittata (f)	ommol-at	املت

bollito (agg)	āb paz	آب پز
affumicato (agg)	dudi	دودی
fritto (agg)	sorx šode	سرخ شده
secco (agg)	xošk	خشک
congelato (agg)	yax zade	یخ زده
sottoaceto (agg)	torši	ترشی

dolce (gusto)	širin	شیرین
salato (agg)	šur	شور
freddo (agg)	sard	سرد
caldo (agg)	dāq	داغ
amaro (agg)	talx	تلخ
buono, gustoso (agg)	xoš mazze	خوش مزه

cuocere, preparare (vt)	poxtan	پختن
cucinare (vi)	poxtan	پختن
friggere (vt)	sorx kardan	سرخ کردن
riscaldare (vt)	garm kardan	گرم کردن

salare (vt)	namak zadan	نمک زدن
pepare (vt)	felfel pāšidan	فلفل پاشیدن
grattugiare (vt)	rande kardan	رنده کردن
buccia (f)	pust	پوست
sbucciare (vt)	pust kandan	پوست کندن

52. Cibo

carne (f)	gušt	گوشت
pollo (m)	morq	مرغ
pollo (m) novello	juje	جوجه
anatra (f)	ordak	اردک
oca (f)	qāz	غاز
cacciagione (f)	gušt-e šekār	گوشت شکار
tacchino (m)	gušt-e buqalamun	گوشت بوقلمون

maiale (m)	gušt-e xuk	گوشت خوک
vitello (m)	gušt-e gusāle	گوشت گوساله
agnello (m)	gušt-e gusfand	گوشت گوسفند
manzo (m)	gušt-e gāv	گوشت گاو
coniglio (m)	xarguš	خرگوش

salame (m)	kālbās	کالباس
w?rstel (m)	sosis	سوسیس
pancetta (f)	beykon	بیکن
prosciutto (m)	žāmbon	ژامبون
prosciutto (m) affumicato	rān xuk	ران خوک
pâté (m)	pāte	پاته

55

fegato (m)	jegar	جگر
carne (f) trita	hamberger	همبرگر
lingua (f)	zabān	زبان

uovo (m)	toxm-e morq	تخم مرغ
uova (f pl)	toxm-e morq-ha	تخم مرغ ها
albume (m)	sefide-ye toxm-e morq	سفیده تخم مرغ
tuorlo (m)	zarde-ye toxm-e morq	زرده تخم مرغ

pesce (m)	māhi	ماهی
frutti (m pl) di mare	qazā-ye daryāyi	غذای دریایی
crostacei (m pl)	saxtpustān	سختپوستان
caviale (m)	xāviār	خاویار

granchio (m)	xarčang	خرچنگ
gamberetto (m)	meygu	میگو
ostrica (f)	sadaf-e xorāki	صدف خوراکی
aragosta (f)	xarčang-e xārdār	خرچنگ خاردار
polpo (m)	hašt pā	هشت پا
calamaro (m)	māhi-ye morakkab	ماهی مرکب

storione (m)	māhi-ye xāviār	ماهی خاویار
salmone (m)	māhi-ye salemon	ماهی سالمون
ippoglosso (m)	halibut	هالیبوت

merluzzo (m)	māhi-ye rowqan	ماهی روغن
scombro (m)	māhi-ye esqumeri	ماهی اسقومری
tonno (m)	tan māhi	تن ماهی
anguilla (f)	mārmāhi	مارماهی

trota (f)	māhi-ye qezelālā	ماهی قزل آلا
sardina (f)	sārdin	ساردین
luccio (m)	ordak māhi	اردک ماهی
aringa (f)	māhi-ye šur	ماهی شور

pane (m)	nān	نان
formaggio (m)	panir	پنیر
zucchero (m)	qand	قند
sale (m)	namak	نمک

riso (m)	berenj	برنج
pasta (f)	mākāroni	ماکارونی
tagliatelle (f pl)	rešte-ye farangi	رشته فرنگی

burro (m)	kare	کره
olio (m) vegetale	rowqan-e nabāti	روغن نباتی
olio (m) di girasole	rowqan āftābgardān	روغن آفتاب گردان
margarina (f)	mārgārin	مارگارین

olive (f pl)	zeytun	زیتون
olio (m) d'oliva	rowqan-e zeytun	روغن زیتون

latte (m)	šir	شیر
latte (m) condensato	šir-e čegāl	شیر چگال
yogurt (m)	mās-at	ماست
panna (f) acida	xāme-ye torš	خامهٔ ترش

panna (f)	saršir	سرشیر
maionese (m)	māyonez	مایونز
crema (f)	xāme	خامه

cereali (m pl)	hobubāt	حبوبات
farina (f)	ārd	آرد
cibi (m pl) in scatola	konserv-hā	کنسرو ها

fiocchi (m pl) di mais	bereštuk	برشتوک
miele (m)	asal	عسل
marmellata (f)	morabbā	مربا
gomma (f) da masticare	ādāms	آدامس

53. Bevande

acqua (f)	āb	آب
acqua (f) potabile	āb-e āšāmidani	آب آشامیدنی
acqua (f) minerale	āb-e ma'dani	آب معدنی

liscia (non gassata)	bedun-e gāz	بدون گاز
gassata (agg)	gāzdār	گازدار
frizzante (agg)	gāzdār	گازدار
ghiaccio (m)	yax	یخ
con ghiaccio	yax dār	یخ دار

analcolico (agg)	bi alkol	بی الکل
bevanda (f) analcolica	nušābe-ye bi alkol	نوشابة بی الکل
bibita (f)	nušābe-ye xonak	نوشابة خنک
limonata (f)	limunād	لیموناد

bevande (f pl) alcoliche	mašrubāt-e alkoli	مشروبات الکلی
vino (m)	šarāb	شراب
vino (m) bianco	šarāb-e sefid	شراب سفید
vino (m) rosso	šarāb-e sorx	شراب سرخ

liquore (m)	likor	لیکور
champagne (m)	šāmpāyn	شامپاین
vermouth (m)	vermut	ورموت

whisky	viski	ویسکی
vodka (f)	vodkā	ودکا
gin (m)	jin	جین
cognac (m)	konyāk	کنیاک
rum (m)	araq-e neyšekar	عرق نیشکر

caffè (m)	qahve	قهوه
caffè (m) nero	qahve-ye talx	قهوة تلخ
caffè latte (m)	šir-qahve	شیرقهوه
cappuccino (m)	kāpočino	کاپوچینو
caffè (m) solubile	qahve-ye fowri	قهوه فوری

latte (m)	šir	شیر
cocktail (m)	kuktel	کوکتل
frullato (m)	kuktele šir	کوکتل شیر

succo (m)	āb-e mive	آب میوه
succo (m) di pomodoro	āb-e gowjefarangi	آب گوجه فرنگی
succo (m) d'arancia	āb-e porteqāl	آب پرتقال
spremuta (f)	āb-e mive-ye taze	آب میوهٔ تازه
birra (f)	ābejow	آبجو
birra (f) chiara	ābejow-ye sabok	آبجوی سبک
birra (f) scura	ābejow-ye tire	آبجوی تیره
tè (m)	čāy	چای
tè (m) nero	čāy-e siyāh	چای سیاه
tè (m) verde	čāy-e sabz	چای سبز

54. Verdure

ortaggi (m pl)	sabzijāt	سبزیجات
verdura (f)	sabzi	سبزی
pomodoro (m)	gowje farangi	گوجه فرنگی
cetriolo (m)	xiyār	خیار
carota (f)	havij	هویج
patata (f)	sib zamini	سیب زمینی
cipolla (f)	piyāz	پیاز
aglio (m)	sir	سیر
cavolo (m)	kalam	کلم
cavolfiore (m)	gol kalam	گل کلم
cavoletti (m pl) di Bruxelles	koll-am boruksel	کلم بروکسل
broccolo (m)	kalam borokli	کلم بروکلی
barbabietola (f)	čoqondar	چغندر
melanzana (f)	bādenjān	بادنجان
zucchina (f)	kadu sabz	کدو سبز
zucca (f)	kadu tanbal	کدو تنبل
rapa (f)	šalqam	شلغم
prezzemolo (m)	ja'fari	جعفری
aneto (m)	šavid	شوید
lattuga (f)	kāhu	کاهو
sedano (m)	karafs	کرفس
asparago (m)	mārčube	مارچوبه
spinaci (m pl)	esfenāj	اسفناج
pisello (m)	noxod	نخود
fave (f pl)	lubiyā	لوبیا
mais (m)	zorrat	ذرت
fagiolo (m)	lubiyā qermez	لوبیا قرمز
peperone (m)	felfel	فلفل
ravanello (m)	torobče	تربچه
carciofo (m)	kangar farangi	کنگرفرنگی

55. Frutta. Noci

frutto (m)	mive	ميوه
mela (f)	sib	سيب
pera (f)	golābi	گلابی
limone (m)	limu	ليمو
arancia (f)	porteqāl	پرتقال
fragola (f)	tut-e farangi	توت فرنگی

mandarino (m)	nārengi	نارنگی
prugna (f)	ālu	آلو
pesca (f)	holu	هلو
albicocca (f)	zardālu	زردآلو
lampone (m)	tamešk	تمشک
ananas (m)	ānānās	آناناس

banana (f)	mowz	موز
anguria (f)	hendevāne	هندوانه
uva (f)	angur	انگور
amarena (f)	ālbālu	آلبالو
ciliegia (f)	gilās	گیلاس
melone (m)	xarboze	خربزه

pompelmo (m)	gerip forut	گریپ فوروت
avocado (m)	āvokādo	اووکادو
papaia (f)	pāpāyā	پاپايا
mango (m)	anbe	انبه
melagrana (f)	anār	انار

ribes (m) rosso	angur-e farangi-ye sorx	انگور فرنگی سرخ
ribes (m) nero	angur-e farangi-ye siyāh	انگور فرنگی سياه
uva (f) spina	angur-e farangi	انگور فرنگی
mirtillo (m)	zoqāl axte	زغال اخته
mora (f)	šāh tut	شاه توت

uvetta (f)	kešmeš	کشمش
fico (m)	anjir	انجير
dattero (m)	xormā	خرما

arachide (f)	bādām zamin-i	بادام زمينی
mandorla (f)	bādām	بادام
noce (f)	gerdu	گردو
nocciola (f)	fandoq	فندق
noce (f) di cocco	nārgil	نارگيل
pistacchi (m pl)	peste	پسته

56. Pane. Dolci

pasticceria (f)	širini jāt	شيرينی جات
pane (m)	nān	نان
biscotti (m pl)	biskuit	بيسکويت
cioccolato (m)	šokolāt	شکلات
al cioccolato (agg)	šokolāti	شکلاتی

caramella (f)	āb nabāt	آب نبات
tortina (f)	nān-e širini	نان شیرینی
torta (f)	širini	شیرینی

crostata (f)	keyk	کیک
ripieno (m)	čāšni	چاشنی

marmellata (f)	morabbā	مربا
marmellata (f) di agrumi	mārmālād	مارمالاد
wafer (m)	vāfel	وافل
gelato (m)	bastani	بستنی
budino (m)	puding	پودینگ

57. Spezie

sale (m)	namak	نمک
salato (agg)	šur	شور
salare (vt)	namak zadan	نمک زدن

pepe (m) nero	felfel-e siyāh	فلفل سیاه
peperoncino (m)	felfel-e sorx	فلفل سرخ
senape (f)	xardal	خردل
cren (m)	torob-e kuhi	ترب کوهی

condimento (m)	adviye	ادویه
spezie (f pl)	adviye	ادویه
salsa (f)	ses	سس
aceto (m)	serke	سرکه

anice (m)	rāziyāne	رازیانه
basilico (m)	reyhān	ریحان
chiodi (m pl) di garofano	mixak	میخک
zenzero (m)	zanjefil	زنجفیل
coriandolo (m)	gešniz	گشنیز
cannella (f)	dārčin	دارچین

sesamo (m)	konjed	کنجد
alloro (m)	barg-e bu	برگ بو
paprica (f)	paprika	پاپریکا
cumino (m)	zire	زیره
zafferano (m)	za'ferān	زعفران

INFORMAZIONI PERSONALI. FAMIGLIA

58. Informazioni personali. Moduli

nome (m)	esm	اسم
cognome (m)	nām-e xānevādegi	نام خانوادگی
data (f) di nascita	tārix-e tavallod	تاریخ تولد
luogo (m) di nascita	mahall-e tavallod	محل تولد
nazionalità (f)	melliyat	ملیت
domicilio (m)	mahall-e sokunat	محل سکونت
paese (m)	kešvar	کشور
professione (f)	šoql	شغل
sesso (m)	jens	جنس
statura (f)	qad	قد
peso (m)	vazn	وزن

59. Membri della famiglia. Parenti

madre (f)	mādar	مادر
padre (m)	pedar	پدر
figlio (m)	pesar	پسر
figlia (f)	doxtar	دختر
figlia (f) minore	doxtar-e kučak	دختر کوچک
figlio (m) minore	pesar-e kučak	پسر کوچک
figlia (f) maggiore	doxtar-e bozorg	دختر بزرگ
figlio (m) maggiore	pesar-e bozorg	پسر بزرگ
fratello (m)	barādar	برادر
fratello (m) maggiore	barādar-e bozorg	برادر بزرگ
fratello (m) minore	barādar-e kučak	برادر کوچک
sorella (f)	xāhar	خواهر
sorella (f) maggiore	xāhar-e bozorg	خواهر بزرگ
sorella (f) minore	xāhar-e kučak	خواهر کوچک
cugino (m)	pesar 'amu	پسر عمو
cugina (f)	doxtar amu	دختر عمو
mamma (f)	māmān	مامان
papà (m)	bābā	بابا
genitori (m pl)	vāledeyn	والدین
bambino (m)	kudak	کودک
bambini (m pl)	bače-hā	بچه ها
nonna (f)	mādarbozorg	مادربزرگ
nonno (m)	pedar-bozorg	پدربزرگ

nipote (m) (figlio di un figlio)	nave	نوه
nipote (f)	nave	نوه
nipoti (pl)	nave-hā	نوه ها

zio (m)	amu	عمو
zia (f)	xāle yā amme	خاله یا عمه
nipote (m) (figlio di un fratello)	barādar-zāde	برادرزاده
nipote (f)	xāhar-zāde	خواهرزاده

suocera (f)	mādarzan	مادرزن
suocero (m)	pedar-šowhar	پدرشوهر
genero (m)	dāmād	داماد
matrigna (f)	nāmādari	نامادری
patrigno (m)	nāpedari	ناپدری

neonato (m)	nowzād	نوزاد
infante (m)	širxār	شیرخوار
bimbo (m), ragazzino (m)	pesar-e kučulu	پسر کوچولو

moglie (f)	zan	زن
marito (m)	šowhar	شوهر
coniuge (m)	hamsar	همسر
coniuge (f)	hamsar	همسر

sposato (agg)	mote'ahhel	متاهل
sposata (agg)	mote'ahhel	متاهل
celibe (agg)	mojarrad	مجرد
scapolo (m)	mojarrad	مجرد
divorziato (agg)	talāq gerefte	طلاق گرفته
vedova (f)	bive zan	بیوه زن
vedovo (m)	bive	بیوه

parente (m)	xišāvand	خویشاوند
parente (m) stretto	aqvām-e nazdik	اقوام نزدیک
parente (m) lontano	aqvām-e dur	اقوام دور
parenti (m pl)	aqvām	اقوام

orfano (m), orfana (f)	yatim	یتیم
tutore (m)	qayyem	قیم
adottare (~ un bambino)	be pesari gereftan	به پسری گرفتن
adottare (~ una bambina)	be doxtari gereftan	به دختری گرفتن

60. Amici. Colleghi

amico (m)	dust	دوست
amica (f)	dust	دوست
amicizia (f)	dusti	دوستی
essere amici	dust budan	دوست بودن

amico (m) (inform.)	rafiq	رفیق
amica (f) (inform.)	rafiq	رفیق
partner (m)	šarik	شریک
capo (m)	ra'is	رئیس
capo (m), superiore (m)	ra'is	رئیس

proprietario (m)	sāheb	صاحب
subordinato (m)	zirdast	زیردست
collega (m)	hamkār	همکار

conoscente (m)	āšnā	آشنا
compagno (m) di viaggio	hamsafar	همسفر
compagno (m) di classe	ham kelās	هم کلاس

vicino (m)	hamsāye	همسایه
vicina (f)	hamsāye	همسایه
vicini (m pl)	hamsāye-hā	همسایه ها

CORPO UMANO. MEDICINALI

61. Testa

testa (f)	sar	سر
viso (m)	surat	صورت
naso (m)	bini	بینی
bocca (f)	dahān	دهان
occhio (m)	češm	چشم
occhi (m pl)	češm-hā	چشم ها
pupilla (f)	mardomak	مردمک
sopracciglio (m)	abru	ابرو
ciglio (m)	može	مژه
palpebra (f)	pelek	پلک
lingua (f)	zabān	زبان
dente (m)	dandān	دندان
labbra (f pl)	lab-hā	لب ها
zigomi (m pl)	ostexānhā-ye gune	استخوان های گونه
gengiva (f)	lase	لثه
palato (m)	saqf-e dahān	سقف دهان
narici (f pl)	surāxhā-ye bini	سوراخ های بینی
mento (m)	čāne	چانه
mascella (f)	fak	فک
guancia (f)	gune	گونه
fronte (f)	pišāni	پیشانی
tempia (f)	gijgāh	گیجگاه
orecchio (m)	guš	گوش
nuca (f)	pas gardan	پس گردن
collo (m)	gardan	گردن
gola (f)	galu	گلو
capelli (m pl)	mu-hā	مو ها
pettinatura (f)	model-e mu	مدل مو
taglio (m)	model-e mu	مدل مو
parrucca (f)	kolāh-e gis	کلاه گیس
baffi (m pl)	sebil	سبیل
barba (f)	riš	ریش
portare (~ la barba, ecc.)	gozāštan	گذاشتن
treccia (f)	muy-ye bāfte	موی بافته
basette (f pl)	xatt-e riš	خط ریش
rosso (agg)	muqermez	موقرمز
brizzolato (agg)	sefid-e mu	سفید مو
calvo (agg)	tās	طاس
calvizie (f)	tāsi	طاسی

| coda (f) di cavallo | dom-e asbi | دم اسبی |
| frangetta (f) | čatri | چتری |

62. Corpo umano

| mano (f) | dast | دست |
| braccio (m) | bāzu | بازو |

dito (m)	angošt	انگشت
dito (m) del piede	šast-e pā	شصت پا
pollice (m)	šost	شست
mignolo (m)	angošt-e kučak	انگشت کوچک
unghia (f)	nāxon	ناخن

pugno (m)	mošt	مشت
palmo (m)	kaf-e dast	کف دست
polso (m)	moč-e dast	مچ دست
avambraccio (m)	sā'ed	ساعد
gomito (m)	āranj	آرنج
spalla (f)	ketf	کتف

gamba (f)	pā	پا
pianta (f) del piede	pā	پا
ginocchio (m)	zānu	زانو
polpaccio (m)	sāq	ساق
anca (f)	rān	ران
tallone (m)	pāšne-ye pā	پاشنۀ پا

corpo (m)	badan	بدن
pancia (f)	šekam	شکم
petto (m)	sine	سینه
seno (m)	sine	سینه
fianco (m)	pahlu	پهلو
schiena (f)	pošt	پشت
zona (f) lombare	kamar	کمر
vita (f)	dur-e kamar	دور کمر

ombelico (m)	nāf	ناف
natiche (f pl)	nešiman-e gāh	نشیمن گاه
sedere (m)	bāsan	باسن

neo (m)	xāl	خال
voglia (f) (~ di fragola)	xāl-e mādarzād	خال مادرزاد
tatuaggio (m)	xāl kubi	خال کوبی
cicatrice (f)	jā-ye zaxm	جای زخم

63. Malattie

malattia (f)	bimāri	بیماری
essere malato	bimār budan	بیمار بودن
salute (f)	salāmati	سلامتی
raffreddore (m)	āb-e rizeš-e bini	آب ریزش بینی

tonsillite (f)	varam-e lowze	ورم لوزه
raffreddore (m)	sarmā xordegi	سرما خوردگی
raffreddarsi (vr)	sarmā xordan	سرما خوردن

bronchite (f)	boronšit	برنشیت
polmonite (f)	zātorrie	ذات الریه
influenza (f)	ānfolānzā	آنفولانزا

miope (agg)	nazdik bin	نزدیک بین
presbite (agg)	durbin	دوربین
strabismo (m)	enherāf-e čašm	انحراف چشم
strabico (agg)	luč	لوچ
cateratta (f)	āb morvārid	آب مروارید
glaucoma (m)	ab-e siyāh	آب سیاه

ictus (m) cerebrale	sekte-ye maqzi	سکته مغزی
attacco (m) di cuore	sekte-ye qalbi	سکته قلبی
infarto (m) miocardico	ānfārktus	آنفارکتوس
paralisi (f)	falaji	فلجی
paralizzare (vt)	falj kardan	فلج کردن

allergia (f)	ālerži	آلرژی
asma (f)	āsm	آسم
diabete (m)	diyābet	دیابت

mal (m) di denti	dandān-e dard	دندان درد
carie (f)	pusidegi	پوسیدگی

diarrea (f)	eshāl	اسهال
stitichezza (f)	yobusat	یبوست
disturbo (m) gastrico	nārāhati-ye me'de	ناراحتی معده
intossicazione (f) alimentare	masmumiyat	مسمومیت
intossicarsi (vr)	masmum šodan	مسموم شدن

artrite (f)	varam-e mafāsel	ورم مفاصل
rachitide (f)	rāšitism	راشیتیسم
reumatismo (m)	romātism	روماتیسم
aterosclerosi (f)	tasallob-e šarāin	تصلب شرائین

gastrite (f)	varam-e me'de	ورم معده
appendicite (f)	āpāndisit	آپاندیسیت
colecistite (f)	eltehāb-e kise-ye safrā	التهاب کیسه صفرا
ulcera (f)	zaxm	زخم

morbillo (m)	sorxak	سرخک
rosolia (f)	sorxje	سرخجه
itterizia (f)	yaraqān	یرقان
epatite (f)	hepātit	هپاتیت

schizofrenia (f)	šizoferni	شیزوفرنی
rabbia (f)	hāri	هاری
nevrosi (f)	extelāl-e a'sāb	اختلال اعصاب
commozione (f) cerebrale	zarbe-ye maqzi	ضربه مغزی

cancro (m)	saratān	سرطان
sclerosi (f)	eskeleroz	اسکلروز

sclerosi (f) multipla	eskeleroz čandgāne	اسكلروز چندگانه
alcolismo (m)	alkolism	الكليسم
alcolizzato (m)	alkoli	الكلى
sifilide (f)	siflis	سيفليس
AIDS (m)	eydz	ايدز

tumore (m)	tumor	تومور
maligno (agg)	bad xim	بد خيم
benigno (agg)	xoš xim	خوش خيم

febbre (f)	tab	تب
malaria (f)	mālāriyā	مالاريا
cancrena (f)	qānqāriyā	قانقاريا
mal (m) di mare	daryā-zadegi	دريازدگى
epilessia (f)	sarʿ	صرع

epidemia (f)	epidemi	اپيدمى
tifo (m)	hasbe	حصبه
tubercolosi (f)	sel	سل
colera (m)	vabā	وبا
peste (f)	tāʿun	طاعون

64. Sintomi. Cure. Parte 1

sintomo (m)	alāem-e bimāri	علائم بيمارى
temperatura (f)	damā	دما
febbre (f) alta	tab	تب
polso (m)	nabz	نبض

capogiro (m)	sargije	سرگيجه
caldo (agg)	dāq	داغ
brivido (m)	raʿše	رعشه
pallido (un viso ~)	rang paride	رنگ پريده

tosse (f)	sorfe	سرفه
tossire (vi)	sorfe kardan	سرفه كردن
starnutire (vi)	atse kardan	عطسه كردن
svenimento (m)	qaš	غش
svenire (vi)	qaš kardan	غش كردن

livido (m)	kabudi	كبودى
bernoccolo (m)	barāmadegi	برآمدگى
farsi un livido	barxord kardan	برخورد كردن
contusione (f)	kuftegi	كوفتگى
farsi male	zarb didan	ضرب ديدن

zoppicare (vi)	langidan	لنگيدن
slogatura (f)	dar raftegi	دررفتگى
slogarsi (vr)	dar raftan	دررفتن
frattura (f)	šekastegi	شكستگى
fratturarsi (vr)	dočār-e šekastegi šodan	دچار شكستگى شدن

| taglio (m) | boridegi | بريدگى |
| tagliarsi (vr) | boridan | بريدن |

emorragia (f)	xunrizi	خونریزی
scottatura (f)	suxtegi	سوختگی
scottarsi (vr)	dočār-e suxtegi šodan	دچار سوختگی شدن

pungere (vt)	surāx kardan	سوراخ کردن
pungersi (vr)	surāx kardan	سوراخ کردن
ferire (vt)	āsib resāndan	آسیب رساندن
ferita (f)	zaxm	زخم
lesione (f)	zaxm	زخم
trauma (m)	zarbe	ضربه

delirare (vi)	hazyān goftan	هذیان گفتن
tartagliare (vi)	loknat dāštan	لکنت داشتن
colpo (m) di sole	āftāb-zadegi	آفتابزدگی

65. Sintomi. Cure. Parte 2

dolore (m), male (m)	dard	درد
scheggia (f)	xār	خار

sudore (m)	araq	عرق
sudare (vi)	araq kardan	عرق کردن
vomito (m)	estefrāq	استفراغ
convulsioni (f pl)	tašannoj	تشنج

incinta (agg)	bārdār	باردار
nascere (vi)	motevalled šodan	متولد شدن
parto (m)	vaz'-e haml	وضع حمل
essere in travaglio di parto	be donyā āvardan	به دنیا آوردن
aborto (m)	seqt-e janin	سقط جنین

respirazione (f)	tanaffos	تنفس
inspirazione (f)	estenšāq	استنشاق
espirazione (f)	bāzdam	بازدم
espirare (vi)	bāzdamidan	بازدمیدن
inspirare (vi)	nafas kešidan	نفس کشیدن

invalido (m)	ma'lul	معلول
storpio (m)	falaj	فلج
drogato (m)	mo'tād	معتاد

sordo (agg)	kar	کر
muto (agg)	lāl	لال
sordomuto (agg)	kar-o lāl	کر و لال

matto (agg)	divāne	دیوانه
matto (m)	divāne	دیوانه
matta (f)	divāne	دیوانه
impazzire (vi)	divāne šodan	دیوانه شدن

gene (m)	žen	ژن
immunità (f)	masuniyat	مصونیت
ereditario (agg)	mowrusi	موروثی
innato (agg)	mādarzād	مادرزاد

virus (m)	virus	ویروس
microbo (m)	mikrob	میکروب
batterio (m)	bākteri	باکتری
infezione (f)	ofunat	عفونت

66. Sintomi. Cure. Parte 3

| ospedale (m) | bimārestān | بیمارستان |
| paziente (m) | bimār | بیمار |

diagnosi (f)	tašxis	تشخیص
cura (f)	mo'āleje	معالجه
trattamento (m)	darmān	درمان
curarsi (vr)	darmān šodan	درمان شدن
curare (vt)	mo'āleje kardan	معالجه کردن
accudire (un malato)	parastāri kardan	پرستاری کردن
assistenza (f)	parastāri	پرستاری

operazione (f)	amal-e jarrāhi	عمل جراحی
bendare (vt)	pānsemān kardan	پانسمان کردن
fasciatura (f)	pānsemān	پانسمان

vaccinazione (f)	vāksināsyon	واکسیناسیون
vaccinare (vt)	vāksine kardan	واکسینه کردن
iniezione (f)	tazriq	تزریق
fare una puntura	tazriq kardan	تزریق کردن

attacco (m) (~ epilettico)	hamle	حمله
amputazione (f)	qat'-e ozv	قطع عضو
amputare (vt)	qat' kardan	قطع کردن
coma (m)	komā	کما
essere in coma	dar komā budan	در کما بودن
rianimazione (f)	morāqebat-e viže	مراقبت ویژه

guarire (vi)	behbud yāftan	بهبود یافتن
stato (f) (del paziente)	hālat	حالت
conoscenza (f)	huš	هوش
memoria (f)	hāfeze	حافظه

estrarre (~ un dente)	dandān kešidan	دندان کشیدن
otturazione (f)	por kardan	پر کردن
otturare (vt)	por kardan	پر کردن

| ipnosi (f) | hipnotizm | هیپنوتیزم |
| ipnotizzare (vt) | hipnotizm kardan | هیپنوتیزم کردن |

67. Medicinali. Farmaci. Accessori

medicina (f)	dāru	دارو
rimedio (m)	darmān	درمان
prescrivere (vt)	tajviz kardan	تجویز کردن
prescrizione (f)	nosxe	نسخه

compressa (f)	qors	قرص
unguento (m)	pomād	پماد
fiala (f)	āmpul	آمپول
pozione (f)	šarbat	شربت
sciroppo (m)	šarbat	شربت
pillola (f)	kapsul	کپسول
polverina (f)	pudr	پودر
benda (f)	bānd	باند
ovatta (f)	panbe	پنبه
iodio (m)	yod	ید
cerotto (m)	časb-e zaxm	چسب زخم
contagocce (m)	qatre čekān	قطره چکان
termometro (m)	damāsanj	دماسنج
siringa (f)	sorang	سرنگ
sedia (f) a rotelle	vilčer	ویلچر
stampelle (f pl)	čub zir baqal	چوب زیر بغل
analgesico (m)	mosaken	مسکن
lassativo (m)	moshel	مسهل
alcol (m)	alkol	الکل
erba (f) officinale	giyāhān-e dāruyi	گیاهان دارویی
d'erbe (infuso ~)	giyāhi	گیاهی

APPARTAMENTO

68. Appartamento

appartamento (m)	āpārtemān	آپارتمان
camera (f), stanza (f)	otāq	اتاق
camera (f) da letto	otāq-e xāb	اتاق خواب
sala (f) da pranzo	otāq-e qazāxori	اتاق غذاخوری
salotto (m)	mehmānxāne	مهمانخانه
studio (m)	daftar	دفتر
ingresso (m)	tālār-e vorudi	تالار ورودی
bagno (m)	hammām	حمام
gabinetto (m)	tuālet	توالت
soffitto (m)	saqf	سقف
pavimento (m)	kaf	کف
angolo (m)	guše	گوشه

69. Arredamento. Interno

mobili (m pl)	mobl	مبل
tavolo (m)	miz	میز
sedia (f)	sandali	صندلی
letto (m)	taxt-e xāb	تخت خواب
divano (m)	kānāpe	کاناپه
poltrona (f)	mobl-e rāhati	مبل راحتی
libreria (f)	qafase-ye ketāb	قفسه کتاب
ripiano (m)	qafase	قفسه
armadio (m)	komod	کمد
attaccapanni (m) da parete	raxt āviz	رخت آویز
appendiabiti (m) da terra	čub lebāsi	چوب لباسی
comò (m)	komod	کمد
tavolino (m) da salotto	miz-e pišdasti	میز پیشدستی
specchio (m)	āyene	آینه
tappeto (m)	farš	فرش
tappetino (m)	qāliče	قالیچه
camino (m)	šumine	شومینه
candela (f)	šam'	شمع
candeliere (m)	šam'dān	شمعدان
tende (f pl)	parde	پرده
carta (f) da parati	kāqaz-e divāri	کاغذ دیواری

tende (f pl) alla veneziana	kerkere	کرکره
lampada (f) da tavolo	čerāq-e rumizi	چراغ رومیزی
lampada (f) da parete	čerāq-e divāri	چراغ دیواری
lampada (f) a stelo	ābāžur	آباژور
lampadario (m)	luster	لوستر

gamba (f)	pāye	پایه
bracciolo (m)	daste-ye sandali	دستهٔ صندلی
spalliera (f)	pošti	پشتی
cassetto (m)	kešow	کشو

70. Biancheria da letto

biancheria (f) da letto	raxt-e xāb	رخت خواب
cuscino (m)	bālešt	بالشت
federa (f)	rubalešt	روبالشت
coperta (f)	patu	پتو
lenzuolo (m)	malāfe	ملافه
copriletto (m)	rutaxti	روتختی

71. Cucina

cucina (f)	āšpazxāne	آشپزخانه
gas (m)	gāz	گاز
fornello (m) a gas	ojāgh-e gāz	اجاق گاز
fornello (m) elettrico	ojāgh-e barghi	اجاق برقی
forno (m)	fer	فر
forno (m) a microonde	māykrofer	مایکروفر

frigorifero (m)	yaxčāl	یخچال
congelatore (m)	fereyzer	فریزر
lavastoviglie (f)	māšin-e zarfšuyi	ماشین ظرفشویی

tritacarne (m)	čarx-e gušt	چرخ گوشت
spremifrutta (m)	ābmive giri	آبمیوه گیری
tostapane (m)	towster	توستر
mixer (m)	maxlut kon	مخلوط کن

macchina (f) da caffè	qahve sāz	قهوه ساز
caffettiera (f)	qahve juš	قهوه جوش
macinacaffè (m)	āsiyāb-e qahve	آسیاب قهوه

bollitore (m)	ketri	کتری
teiera (f)	quri	قوری
coperchio (m)	sarpuš	سرپوش
colino (m) da tè	čāy sāf kon	چای صاف کن

cucchiaio (m)	qāšoq	قاشق
cucchiaino (m) da tè	qāšoq čāy xori	قاشق چای خوری
cucchiaio (m)	qāšoq sup xori	قاشق سوپ خوری
forchetta (f)	čangāl	چنگال
coltello (m)	kārd	کارد

stoviglie (f pl)	zoruf	ظروف
piatto (m)	bošqāb	بشقاب
piattino (m)	na'lbeki	نعلبکی

cicchetto (m)	gilās-e vodkā	گیلاس ودکا
bicchiere (m) (~ d'acqua)	estekān	استکان
tazzina (f)	fenjān	فنجان

zuccheriera (f)	qandān	قندان
saliera (f)	namakdān	نمکدان
pepiera (f)	felfeldān	فلفلدان
burriera (f)	zarf-e kare	ظرف کره

pentola (f)	qāblame	قابلمه
padella (f)	tābe	تابه
mestolo (m)	malāqe	ملاقه
colapasta (m)	ābkeš	آبکش
vassoio (m)	sini	سینی

bottiglia (f)	botri	بطری
barattolo (m) di vetro	šiše	شیشه
latta, lattina (f)	quti	قوطی

apribottiglie (m)	dar bāz kon	در بازکن
apriscatole (m)	dar bāz kon	در بازکن
cavatappi (m)	dar bāz kon	در بازکن
filtro (m)	filter	فیلتر
filtrare (vt)	filter kardan	فیلتر کردن

| spazzatura (f) | āšqāl | آشغال |
| pattumiera (f) | satl-e zobāle | سطل زباله |

72. Bagno

bagno (m)	hammām	حمام
acqua (f)	āb	آب
rubinetto (m)	šir	شیر
acqua (f) calda	āb-e dāq	آب داغ
acqua (f) fredda	āb-e sard	آب سرد

dentifricio (m)	xamir-e dandān	خمیر دندان
lavarsi i denti	mesvāk zadan	مسواک زدن
spazzolino (m) da denti	mesvāk	مسواک

rasarsi (vr)	riš tarāšidan	ریش تراشیدن
schiuma (f) da barba	xamir-e eslāh	خمیر اصلاح
rasoio (m)	tiq	تیغ

lavare (vt)	šostan	شستن
fare un bagno	hamām kardan	حمام کردن
doccia (f)	duš	دوش
fare una doccia	duš gereftan	دوش گرفتن
vasca (f) da bagno	vān hammām	وان حمام
water (m)	tuālet-e farangi	توالت فرنگی

lavandino (m)	sink	سینک
sapone (m)	sābun	صابون
porta (m) sapone	jā sābun	جا صابون

spugna (f)	abr	ابر
shampoo (m)	šāmpu	شامپو
asciugamano (m)	howle	حوله
accappatoio (m)	howle-ye hamām	حوله حمام

bucato (m)	raxčuyi	لباسشویی
lavatrice (f)	māšin-e lebas-šui	ماشین لباسشویی
fare il bucato	šostan-e lebās	شستن لباس
detersivo (m) per il bucato	pudr-e lebas-šui	پودر لباسشویی

73. Elettrodomestici

televisore (m)	televiziyon	تلویزیون
registratore (m) a nastro	zabt-e sowt	ضبط صوت
videoregistratore (m)	video	ویدئو
radio (f)	rādiyo	رادیو
lettore (m)	paxš konande	پخش کننده

videoproiettore (m)	video porožektor	ویدئو پروژکتور
home cinema (m)	sinamā-ye xānegi	سینمای خانگی
lettore (m) DVD	paxš konande-ye di vi di	پخش کننده دی وی دی
amplificatore (m)	āmpli-fāyer	آمپلی فایر
console (f) video giochi	konsul-e bāzi	کنسول بازی

videocamera (f)	durbin-e filmbardāri	دوربین فیلمبرداری
macchina (f) fotografica	durbin-e akkāsi	دوربین عکاسی
fotocamera (f) digitale	durbin-e dijitāl	دوربین دیجیتال

aspirapolvere (m)	jāru barqi	جارو برقی
ferro (m) da stiro	oto	اتو
asse (f) da stiro	miz-e otu	میز اتو

telefono (m)	telefon	تلفن
telefonino (m)	telefon-e hamrāh	تلفن همراه
macchina (f) da scrivere	māšin-e tahrir	ماشین تحریر
macchina (f) da cucire	čarx-e xayyāti	چرخ خیاطی

microfono (m)	mikrofon	میکروفون
cuffia (f)	guši	گوشی
telecomando (m)	kontorol az rāh-e dur	کنترل از راه دور

CD (m)	si-di	سیدی
cassetta (f)	kāst	کاست
disco (m) (vinile)	safhe-ye gerāmāfon	صفحه گرامافون

LA TERRA. TEMPO

74. L'Universo

cosmo (m)	fazā	فضا
cosmico, spaziale (agg)	fazāyi	فضایی
spazio (m) cosmico	fazā-ye keyhān	فضای کیهان
mondo (m)	jahān	جهان
universo (m)	giti	گیتی
galassia (f)	kahkešān	کهکشان
stella (f)	setāre	ستاره
costellazione (f)	surat-e falaki	صورت فلکی
pianeta (m)	sayyāre	سیاره
satellite (m)	māhvāre	ماهواره
meteorite (m)	sang-e āsmāni	سنگ آسمانی
cometa (f)	setāre-ye donbāle dār	ستارۀ دنباله دار
asteroide (m)	šahāb	شهاب
orbita (f)	madār	مدار
ruotare (vi)	gardidan	گردیدن
atmosfera (f)	jav	جو
il Sole	āftāb	آفتاب
sistema (m) solare	manzume-ye šamsi	منظومه شمسی
eclisse (f) solare	kosuf	کسوف
la Terra	zamin	زمین
la Luna	māh	ماه
Marte (m)	merrix	مریخ
Venere (f)	zahre	زهره
Giove (m)	moštari	مشتری
Saturno (m)	zohal	زحل
Mercurio (m)	atārod	عطارد
Urano (m)	orānus	اورانوس
Nettuno (m)	nepton	نپتون
Plutone (m)	poloton	پلوتون
Via (f) Lattea	kahkešān rāh-e širi	کهکشان راه شیری
Orsa (f) Maggiore	dobb-e akbar	دب اکبر
Stella (f) Polare	setāre-ye qotbi	ستاره قطبی
marziano (m)	merrixi	مریخی
extraterrestre (m)	farā zamini	فرا زمینی
alieno (m)	mowjud fazāyi	موجود فضایی

75

disco (m) volante	bošqāb-e parande	بشقاب پرنده
nave (f) spaziale	fazā peymā	فضا پیما
stazione (f) spaziale	istgāh-e fazāyi	ایستگاه فضایی
lancio (m)	rāh andāzi	راه اندازی
motore (m)	motor	موتور
ugello (m)	nāzel	نازل
combustibile (m)	suxt	سوخت
cabina (f) di pilotaggio	kābin	کابین
antenna (f)	ānten	آنتن
oblò (m)	panjere	پنجره
batteria (f) solare	bātri-ye xoršidi	باطری خورشیدی
scafandro (m)	lebās-e fazānavardi	لباس فضانوردی
imponderabilità (f)	bi vazni	بی وزنی
ossigeno (m)	oksižen	اکسیژن
aggancio (m)	vasl	وصل
agganciarsi (vr)	vasl kardan	وصل کردن
osservatorio (m)	rasadxāne	رصدخانه
telescopio (m)	teleskop	تلسکوپ
osservare (vt)	mošāhede kardan	مشاهده کردن
esplorare (vt)	kašf kardan	کشف کردن

75. La Terra

la Terra	zamin	زمین
globo (m) terrestre	kare-ye zamin	کرۀ زمین
pianeta (m)	sayyāre	سیاره
atmosfera (f)	jav	جو
geografia (f)	joqrāfiyā	جغرافیا
natura (f)	tabi'at	طبیعت
mappamondo (m)	kare-ye joqrāfiyāyi	کرۀ جغرافیایی
carta (f) geografica	naqše	نقشه
atlante (m)	atlas	اطلس
Europa (f)	orupā	اروپا
Asia (f)	āsiyā	آسیا
Africa (f)	āfriqā	آفریقا
Australia (f)	ostorāliyā	استرالیا
America (f)	emrikā	امریکا
America (f) del Nord	emrikā-ye šomāli	امریکای شمالی
America (f) del Sud	emrikā-ye jonubi	امریکای جنوبی
Antartide (f)	qotb-e jonub	قطب جنوب
Artico (m)	qotb-e šomāl	قطب شمال

76. Punti cardinali

nord (m)	šomāl	شمال
a nord	be šomāl	به شمال
al nord	dar šomāl	در شمال
del nord (agg)	šomāli	شمالی
sud (m)	jonub	جنوب
a sud	be jonub	به جنوب
al sud	dar jonub	در جنوب
del sud (agg)	jonubi	جنوبی
ovest (m)	qarb	غرب
a ovest	be qarb	به غرب
all'ovest	dar qarb	در غرب
dell'ovest, occidentale	qarbi	غربی
est (m)	šarq	شرق
a est	be šarq	به شرق
all'est	dar šarq	در شرق
dell'est, orientale	šarqi	شرقی

77. Mare. Oceano

mare (m)	daryā	دریا
oceano (m)	oqyānus	اقیانوس
golfo (m)	xalij	خلیج
stretto (m)	tange	تنگه
terra (f) (terra firma)	zamin	زمین
continente (m)	qāre	قاره
isola (f)	jazire	جزیره
penisola (f)	šeb-e jazire	شبه جزیره
arcipelago (m)	majma'-ol-jazāyer	مجمع‌الجزایر
baia (f)	xalij-e kučak	خلیج کوچک
porto (m)	langargāh	لنگرگاه
laguna (f)	mordāb	مرداب
capo (m)	damāqe	دماغه
atollo (m)	jazire-ye marjāni	جزیره مرجانی
scogliera (f)	tappe-ye daryāyi	تپه دریایی
corallo (m)	marjān	مرجان
barriera (f) corallina	tappe-ye marjāni	تپه مرجانی
profondo (agg)	amiq	عمیق
profondità (f)	omq	عمق
abisso (m)	partgāh	پرتگاه
fossa (f) (~ delle Marianne)	derāz godāl	درازگودال
corrente (f)	jaryān	جریان
circondare (vt)	ehāte kardan	احاطه کردن

litorale (m)	sāhel	ساحل
costa (f)	sāhel	ساحل

alta marea (f)	mod	مد
bassa marea (f)	jazr	جزر
banco (m) di sabbia	sāhel-e šeni	ساحل شنی
fondo (m)	qa'r	قعر

onda (f)	mowj	موج
cresta (f) dell'onda	nok	نوک
schiuma (f)	kaf	کف

tempesta (f)	tufān-e daryāyi	طوفان دریایی
uragano (m)	tufān	طوفان
tsunami (m)	sonāmi	سونامی
bonaccia (f)	sokun-e daryā	سکون دریا
tranquillo (agg)	ārām	آرام

polo (m)	qotb	قطب
polare (agg)	qotbi	قطبی

latitudine (f)	arz-e joqrāfiyāyi	عرض جغرافیایی
longitudine (f)	tul-e joqrāfiyāyi	طول جغرافیایی
parallelo (m)	movāzi	موازی
equatore (m)	xatt-e ostavā	خط استوا

cielo (m)	āsemān	آسمان
orizzonte (m)	ofoq	افق
aria (f)	havā	هوا

faro (m)	fānus-e daryāyi	فانوس دریایی
tuffarsi (vr)	širje raftan	شیرجه رفتن
affondare (andare a fondo)	qarq šodan	غرق شدن
tesori (m)	ganj	گنج

78. Nomi dei mari e degli oceani

Oceano (m) Atlantico	oqyānus-e atlas	اقیانوس اطلس
Oceano (m) Indiano	oqyānus-e hend	اقیانوس هند
Oceano (m) Pacifico	oqyānus-e ārām	اقیانوس آرام
mar (m) Glaciale Artico	oqyānus-e monjamed-e šomāli	اقیانوس منجمد شمالی

mar (m) Nero	daryā-ye siyāh	دریای سیاه
mar (m) Rosso	daryā-ye sorx	دریای سرخ
mar (m) Giallo	daryā-ye zard	دریای زرد
mar (m) Bianco	daryā-ye sefid	دریای سفید

mar (m) Caspio	daryā-ye xazar	دریای خزر
mar (m) Morto	daryā-ye morde	دریای مرده
mar (m) Mediterraneo	daryā-ye meditarāne	دریای مدیترانه

mar (m) Egeo	daryā-ye eže	دریای اژه
mar (m) Adriatico	daryā-ye ādriyātik	دریای آدریاتیک

mar (m) Arabico	daryā-ye arab	دریای عرب
mar (m) del Giappone	daryā-ye žāpon	دریای ژاپن
mare (m) di Bering	daryā-ye brinq	دریای برینگ
mar (m) Cinese meridionale	daryā-ye čin-e jonubi	دریای چین جنوبی

mar (m) dei Coralli	daryā-ye marjān	دریای مرجان
mar (m) di Tasman	daryā-ye tās-emān	دریای تاسمان
mar (m) dei Caraibi	daryā-ye kārāib	دریای کارائیب

| mare (m) di Barents | daryā-ye barntz | دریای بارنتز |
| mare (m) di Kara | daryā-ye kārā | دریای کارا |

mare (m) del Nord	daryā-ye šomāl	دریای شمال
mar (m) Baltico	daryā-ye bāltik	دریای بالتیک
mare (m) di Norvegia	daryā-ye norvež	دریای نروژ

79. Montagne

monte (m), montagna (f)	kuh	کوه
catena (f) montuosa	rešte-ye kuh	رشته کوه
crinale (m)	selsele-ye jebāl	سلسله جبال

cima (f)	qolle	قله
picco (m)	qolle	قله
piedi (m pl)	dāmane-ye kuh	دامنة کوه
pendio (m)	šib	شیب

vulcano (m)	ātaš-fešān	آتشفشان
vulcano (m) attivo	ātaš-fešān-e fa'āl	آتش فشان فعال
vulcano (m) inattivo	ātaš-fešān-e xāmuš	آتش فشان خاموش

eruzione (f)	favarān	فوران
cratere (m)	dahāne-ye ātašfešān	دهانة آتش فشان
magma (m)	māgmā	ماگما
lava (f)	godāze	گدازه
fuso (lava ~a)	godāxte	گداخته

canyon (m)	tange	تنگ
gola (f)	darre-ye tang	دره تنگ
crepaccio (m)	tange	تنگ
precipizio (m)	partgāh	پرتگاه

passo (m), valico (m)	gozargāh	گذرگاه
altopiano (m)	falāt	فلات
falesia (f)	saxre	صخره
collina (f)	tappe	تپه

ghiacciaio (m)	yaxčāl	یخچال
cascata (f)	ābšār	آبشار
geyser (m)	češme-ye āb-e garm	چشمة آب گرم
lago (m)	daryāče	دریاچه

| pianura (f) | jolge | جلگه |
| paesaggio (m) | manzare | منظره |

eco (f)	en'ekās-e sowt	انعکاس صوت
alpinista (m)	kuhnavard	کوهنورد
scalatore (m)	saxre-ye navard	صخره نورد
conquistare (~ una cima)	fath kardan	فتح کردن
scalata (f)	so'ud	صعود

80. Nomi delle montagne

Alpi (f pl)	ālp	آلپ
Monte (m) Bianco	moan belān	مون بلان
Pirenei (m pl)	pirene	پیرنه

Carpazi (m pl)	kuhhā-ye kārpāt	کوههای کارپات
gli Urali (m pl)	kuhe-i orāl	کوههای اورال
Caucaso (m)	qafqāz	قفقاز
Monte (m) Elbrus	alborz	البرز

Monti (m pl) Altai	āltāy	آلتای
Tien Shan (m)	tiyān šān	تیان شان
Pamir (m)	pāmir	پامیر
Himalaia (m)	himāliyā-vo	هیمالیا
Everest (m)	everest	اورست

| Ande (f pl) | ānd | آند |
| Kilimangiaro (m) | kelimānjāro | کلیمانجارو |

81. Fiumi

fiume (m)	rudxāne	رودخانه
fonte (f) (sorgente)	češme	چشمه
letto (m) (~ del fiume)	bastar	بستر
bacino (m)	howze	حوضه
sfociare nel …	rixtan	ریختن

| affluente (m) | enše'āb | انشعاب |
| riva (f) | sāhel | ساحل |

corrente (f)	jaryān	جریان
a valle	be samt-e pāin-e rudxāne	به سمت پائین رودخانه
a monte	be samt-e bālā-ye rudxāne	به سمت بالای رودخانه

inondazione (f)	seyl	سیل
piena (f)	toqyān	طغیان
straripare (vi)	toqyān kardan	طغیان کردن
inondare (vt)	toqyān kardan	طغیان کردن

| secca (f) | tangāb | تنگاب |
| rapida (f) | tondāb | تندآب |

diga (f)	sad	سد
canale (m)	kānāl	کانال
bacino (m) di riserva	maxzan-e āb	مخزن آب

chiusa (f)	ābgir	آبگیر
specchio (m) d'acqua	maxzan-e āb	مخزن آب
palude (f)	bātlāq	باتلاق
pantano (m)	lajan zār	لجن زار
vortice (m)	gerdāb	گرداب

ruscello (m)	ravad	رود
potabile (agg)	āšāmidani	آشامیدنی
dolce (di acqua ~)	širin	شیرین

ghiaccio (m)	yax	یخ
ghiacciarsi (vr)	yax bastan	یخ بستن

82. Nomi dei fiumi

Senna (f)	sen	سن
Loira (f)	lavār	لوآر

Tamigi (m)	timz	تیمز
Reno (m)	rāyn	راین
Danubio (m)	dānub	دانوب

Volga (m)	volgā	ولگا
Don (m)	don	دن
Lena (f)	lenā	لنا

Fiume (m) Giallo	rud-e zard	رود زرد
Fiume (m) Azzurro	yāng tese	یانگ تسه
Mekong (m)	mekung	مکونگ
Gange (m)	gong	گنگ

Nilo (m)	neyl	نیل
Congo (m)	kongo	کنگو
Okavango	okavango	اوکاوانگو
Zambesi (m)	zāmbezi	زامبزی
Limpopo (m)	rud-e limpupu	رود لیمپوپو
Mississippi (m)	mi si si pi	می سی سی پی

83. Foresta

foresta (f)	jangal	جنگل
forestale (agg)	jangali	جنگلی

foresta (f) fitta	jangal-e anbuh	جنگل انبوه
boschetto (m)	biše	بیشه
radura (f)	marqzār	مرغزار

roveto (m)	biše-hā	بیشه ها
boscaglia (f)	bute zār	بوته زار

sentiero (m)	kure-ye rāh	کوره راه
calanco (m)	darre	دره

albero (m)	deraxt	درخت
foglia (f)	barg	برگ
fogliame (m)	šāx-o barg	شاخ و برگ

caduta (f) delle foglie	barg rizi	برگ ریزی
cadere (vi)	rixtan	ریختن
cima (f)	nok	نوک

ramo (m), ramoscello (m)	šāxe	شاخه
ramo (m)	šāxe	شاخه
gemma (f)	šokufe	شکوفه
ago (m)	suzan	سوزن
pigna (f)	maxrut-e kāj	مخروط کاج

cavità (f)	surāx	سوراخ
nido (m)	lāne	لانه
tana (f) (del fox, ecc.)	lāne	لانه

tronco (m)	tane	تنه
radice (f)	riše	ریشه
corteccia (f)	pust	پوست
musco (m)	xaze	خزه

sradicare (vt)	rišekan kardan	ریشه کن کردن
abbattere (~ un albero)	boridan	بریدن
disboscare (vt)	boridan	بریدن
ceppo (m)	kande-ye deraxt	کندۀ درخت

falò (m)	ātaš	آتش
incendio (m) boschivo	ātaš suzi	آتش سوزی
spegnere (vt)	xāmuš kardan	خاموش کردن

guardia (f) forestale	jangal bān	جنگل بان
protezione (f)	mohāfezat	محافظت
proteggere (~ la natura)	mohāfezat kardan	محافظت کردن
bracconiere (m)	šekārči-ye qeyr-e qānuni	شکارچی غیر قانونی
tagliola (f) (~ per orsi)	tale	تله

| raccogliere (vt) | čidan | چیدن |
| perdersi (vr) | gom šodan | گم شدن |

84. Risorse naturali

risorse (f pl) naturali	manābe-'e tabii	منابع طبیعی
minerali (m pl)	mavādd-e ma'dani	مواد معدنی
deposito (m) (~ di carbone)	tah nešast	ته نشست
giacimento (m) (~ petrolifero)	meydān	میدان

estrarre (vt)	estexrāj kardan	استخراج کردن
estrazione (f)	estexrāj	استخراج
minerale (m) grezzo	sang-e ma'dani	سنگ معدنی
miniera (f)	ma'dan	معدن
pozzo (m) di miniera	ma'dan	معدن
minatore (m)	ma'dani	معدنچی

gas (m)	gāz	گاز
gasdotto (m)	lule-ye gāz	لولۀ گاز
petrolio (m)	naft	نفت
oleodotto (m)	lule-ye naft	لولۀ نفت
torre (f) di estrazione	čāh-e naft	چاه نفت
torre (f) di trivellazione	dakal-e haffāri	دکل حفاری
petroliera (f)	tānker	تانکر
sabbia (f)	šen	شن
calcare (m)	sang-e āhak	سنگ آهک
ghiaia (f)	sangrize	سنگریزه
torba (f)	turb	تورب
argilla (f)	xāk-e ros	خاک رس
carbone (m)	zoqāl sang	زغال سنگ
ferro (m)	āhan	آهن
oro (m)	talā	طلا
argento (m)	noqre	نقره
nichel (m)	nikel	نیکل
rame (m)	mes	مس
zinco (m)	ruy	روی
manganese (m)	mangenez	منگنز
mercurio (m)	jive	جیوه
piombo (m)	sorb	سرب
minerale (m)	mādde-ye ma'dani	مادۀ معدنی
cristallo (m)	bolur	بلور
marmo (m)	marmar	مرمر
uranio (m)	orāniyom	اورانیوم

85. Tempo

tempo (m)	havā	هوا
previsione (f) del tempo	piš bini havā	پیش بینی هوا
temperatura (f)	damā	دما
termometro (m)	damāsanj	دماسنج
barometro (m)	havāsanj	هواسنج
umido (agg)	martub	مرطوب
umidità (f)	rotubat	رطوبت
caldo (m), afa (f)	garmā	گرما
molto caldo (agg)	dāq	داغ
fa molto caldo	havā xeyli garm ast	هوا خیلی گرم است
fa caldo	havā garm ast	هوا گرم است
caldo, mite (agg)	garm	گرم
fa freddo	sard ast	سرد است
freddo (agg)	sard	سرد
sole (m)	āftāb	آفتاب
splendere (vi)	tābidan	تابیدن

di sole (una giornata ~)	āftābi	آفتابی
sorgere, levarsi (vr)	tolu' kardan	طلوع کردن
tramontare (vi)	qorob kardan	غروب کردن

nuvola (f)	abr	ابر
nuvoloso (agg)	abri	ابری
nube (f) di pioggia	abr-e bārānzā	ابر باران زا
nuvoloso (agg)	tire	تیره

pioggia (f)	bārān	باران
piove	bārān mibārad	باران می بارد
piovoso (agg)	bārāni	بارانی
piovigginare (vi)	nam-nam bāridan	نم نم باریدن

pioggia (f) torrenziale	bārān šodid	باران شدید
acquazzone (m)	ragbār	رگبار
forte (una ~ pioggia)	šadid	شدید
pozzanghera (f)	čāle	چاله
bagnarsi (~ sotto la pioggia)	xis šodan	خیس شدن

foschia (f), nebbia (f)	meh	مه
nebbioso (agg)	meh ālud	مه آلود
neve (f)	barf	برف
nevica	barf mibārad	برف می بارد

86. Rigide condizioni metereologiche. Disastri naturali

temporale (m)	tufān	طوفان
fulmine (f)	barq	برق
lampeggiare (vi)	barq zadan	برق زدن

tuono (m)	ra'd	رعد
tuonare (vi)	qorridan	غریدن
tuona	ra'd mizanad	رعد می زند

| grandine (f) | tagarg | تگرگ |
| grandina | tagarg mibārad | تگرگ می بارد |

| inondare (vt) | toqyān kardan | طغیان کردن |
| inondazione (f) | seyl | سیل |

terremoto (m)	zamin-larze	زمین لرزه
scossa (f)	tekān	تکان
epicentro (m)	kānun-e zaminlarze	کانون زمین لرزه

| eruzione (f) | favarān | فوران |
| lava (f) | godāze | گدازه |

| tromba (f), tornado (m) | gerdbād | گردباد |
| tifone (m) | tufān | طوفان |

uragano (m)	tufān	طوفان
tempesta (f)	tufān	طوفان
tsunami (m)	sonāmi	سونامی

ciclone (m)	gerdbād	گردباد
maltempo (m)	havā-ye bad	هوای بد
incendio (m)	ātaš suzi	آتش سوزی
disastro (m)	balā-ye tabi'i	بلای طبیعی
meteorite (m)	sang-e āsmāni	سنگ آسمانی
valanga (f)	bahman	بهمن
slavina (f)	bahman	بهمن
tempesta (f) di neve	kulāk	کولاک
bufera (f) di neve	barf-o burān	برف و بوران

FAUNA

87. Mammiferi. Predatori

predatore (m)	heyvān-e darande	حیوان درنده
tigre (f)	bebar	ببر
leone (m)	šir	شیر
lupo (m)	gorg	گرگ
volpe (m)	rubāh	روباه
giaguaro (m)	jagvār	جگوار
leopardo (m)	palang	پلنگ
ghepardo (m)	yuzpalang	یوزپلنگ
pantera (f)	palang-e siyāh	پلنگ سیاه
puma (f)	yuzpalang	یوزپلنگ
leopardo (m) delle nevi	palang-e barfi	پلنگ برفی
lince (f)	siyāh guš	سیاه گوش
coyote (m)	gorg-e sahrāyi	گرگ صحرایی
sciacallo (m)	šoqāl	شغال
iena (f)	kaftār	کفتار

88. Animali selvatici

animale (m)	heyvān	حیوان
bestia (f)	heyvān	حیوان
scoiattolo (m)	sanjāb	سنجاب
riccio (m)	xārpošt	خارپشت
lepre (f)	xarguš	خرگوش
coniglio (m)	xarguš	خرگوش
tasso (m)	gurkan	گورکن
procione (f)	rākon	راکن
criceto (m)	muš-e bozorg	موش بزرگ
marmotta (f)	muš-e xormā-ye kuhi	موش خرمای کوهی
talpa (f)	muš-e kur	موش کور
topo (m)	muš	موش
ratto (m)	muš-e sahrāyi	موش صحرایی
pipistrello (m)	xoffāš	خفاش
ermellino (m)	qāqom	قاقم
zibellino (m)	samur	سمور
martora (f)	samur	سمور
donnola (f)	rāsu	راسو
visone (m)	tire-ye rāsu	تیره راسو

castoro (m)	sag-e ābi	سگ آبی
lontra (f)	samur ābi	سمور آبی
cavallo (m)	asb	اسب
alce (m)	gavazn	گوزن
cervo (m)	āhu	آهو
cammello (m)	šotor	شتر
bisonte (m) americano	gāvmiš	گاومیش
bisonte (m) europeo	gāv miš	گاو میش
bufalo (m)	bufālo	بوفالو
zebra (f)	gurexar	گورخر
antilope (f)	boz-e kuhi	بز کوهی
capriolo (m)	šukā	شوکا
daino (m)	qazāl	غزال
camoscio (m)	boz-e kuhi	بز کوهی
cinghiale (m)	gorāz	گراز
balena (f)	nahang	نهنگ
foca (f)	fak	فک
tricheco (m)	širmāhi	شیرماهی
otaria (f)	gorbe-ye ābi	گربۀ آبی
delfino (m)	delfin	دلفین
orso (m)	xers	خرس
orso (m) bianco	xers-e sefid	خرس سفید
panda (m)	pāndā	پاندا
scimmia (f)	meymun	میمون
scimpanzè (m)	šampānze	شمپانزه
orango (m)	orāngutān	اورانگوتان
gorilla (m)	guril	گوریل
macaco (m)	mākāk	ماکاک
gibbone (m)	gibon	گیبون
elefante (m)	fil	فیل
rinoceronte (m)	kargadan	کرگدن
giraffa (f)	zarrāfe	زرافه
ippopotamo (m)	asb-e ābi	اسب آبی
canguro (m)	kāngoro	کانگورو
koala (m)	kovālā	کوالا
mangusta (f)	xadang	خدنگ
cincillà (f)	čin čila	چین چیلا
moffetta (f)	rāsu-ye badbu	راسوی بدبو
istrice (m)	taši	تشی

89. Animali domestici

gatta (f)	gorbe	گربه
gatto (m)	gorbe-ye nar	گربۀ نر
cane (m)	sag	سگ

cavallo (m)	asb	اسب
stallone (m)	asb-e nar	اسب نر
giumenta (f)	mādiyān	مادیان

mucca (f)	gāv	گاو
toro (m)	gāv-e nar	گاو نر
bue (m)	gāv-e axte	گاو اخته

pecora (f)	gusfand	گوسفند
montone (m)	gusfand-e nar	گوسفند نر
capra (f)	boz-e mādde	بز ماده
caprone (m)	boz-e nar	بز نر

| asino (m) | xar | خر |
| mulo (m) | qāter | قاطر |

porco (m)	xuk	خوک
porcellino (m)	bače-ye xuk	بچۀ خوک
coniglio (m)	xarguš	خرگوش

| gallina (f) | morq | مرغ |
| gallo (m) | xorus | خروس |

anatra (f)	ordak	اردک
maschio (m) dell'anatra	ordak-e nar	اردک نر
oca (f)	qāz	غاز

| tacchino (m) | buqalamun-e nar | بوقلمون نر |
| tacchina (f) | buqalamun-e māde | بوقلمون ماده |

animali (m pl) domestici	heyvānāt-e ahli	حیوانات اهلی
addomesticato (agg)	ahli	اهلی
addomesticare (vt)	rām kardan	رام کردن
allevare (vt)	parvareš dādan	پرورش دادن

fattoria (f)	mazrae	مزرعه
pollame (m)	morq-e xānegi	مرغ خانگی
bestiame (m)	dām	دام
branco (m), mandria (f)	galle	گله

scuderia (f)	establ	اصطبل
porcile (m)	āqol xuk	آغل خوک
stalla (f)	āqol gāv	آغل گاو
conigliera (f)	lanye xarguš	لانه خرگوش
pollaio (m)	morq dāni	مرغ دانی

90. Uccelli

uccello (m)	parande	پرنده
colombo (m), piccione (m)	kabutar	کبوتر
passero (m)	gonješk	گنجشک
cincia (f)	morq-e zanburxār	مرغ زنبورخوار
gazza (f)	zāqi	زاغی
corvo (m)	kalāq-e siyāh	کلاغ سیاه

cornacchia (f)	kalāq	کلاغ
taccola (f)	zāq	زاغ
corvo (m) nero	kalāq-e siyāh	کلاغ سیاه
anatra (f)	ordak	اردک
oca (f)	qāz	غاز
fagiano (m)	qarqāvol	قرقاول
aquila (f)	oqāb	عقاب
astore (m)	qerqi	قرقی
falco (m)	šāhin	شاهین
grifone (m)	karkas	کرکس
condor (m)	karkas-e emrikāyi	کرکس امریکایی
cigno (m)	qu	قو
gru (f)	dornā	درنا
cicogna (f)	lak lak	لک لک
pappagallo (m)	tuti	طوطی
colibrì (m)	morq-e magas-e xār	مرغ مگس خوار
pavone (m)	tāvus	طاووس
struzzo (m)	šotormorq	شترمرغ
airone (m)	havāsil	حواصیل
fenicottero (m)	felāmingo	فلامینگو
pellicano (m)	pelikān	پلیکان
usignolo (m)	bolbol	بلبل
rondine (f)	parastu	پرستو
tordo (m)	bāstarak	باسترک
tordo (m) sasello	torqe	طرقه
merlo (m)	tukā-ye siyāh	توکای سیاه
rondone (m)	bādxorak	بادخورک
allodola (f)	čakāvak	چکاوک
quaglia (f)	belderčin	بلدرچین
picchio (m)	dārkub	دارکوب
cuculo (m)	fāxte	فاخته
civetta (f)	joqd	جغد
gufo (m) reale	šāh buf	شاه بوف
urogallo (m)	siāh xorus	سیاه خروس
fagiano (m) di monte	siāh xorus-e jangali	سیاه خروس جنگلی
pernice (f)	kabk	کبک
storno (m)	sār	سار
canarino (m)	qanāri	قناری
francolino (m) di monte	siyāh xorus-e fandoqi	سیاه خروس فندقی
fringuello (m)	sehre-ye jangali	سهره جنگلی
ciuffolotto (m)	sohre sar-e siyāh	سهره سر سیاه
gabbiano (m)	morq-e daryāyi	مرغ دریایی
albatro (m)	morq-e daryāyi	مرغ دریایی
pinguino (m)	pangoan	پنگوئن

91. Pesci. Animali marini

abramide (f)	māhi-ye sim	ماهی سیم
carpa (f)	kapur	کپور
perca (f)	māhi-e luti	ماهی لوتی
pesce (m) gatto	gorbe-ye māhi	گربه ماهی
luccio (m)	ordak māhi	اردک ماهی
salmone (m)	māhi-ye salemon	ماهی سالمون
storione (m)	māhi-ye xāviār	ماهی خاویار
aringa (f)	māhi-ye šur	ماهی شور
salmone (m)	sālmon-e atlāntik	سالمون اتلانتیک
scombro (m)	māhi-ye esqumeri	ماهی اسقمری
sogliola (f)	sofre māhi	سفره ماهی
lucioperca (f)	suf	سوف
merluzzo (m)	māhi-ye rowqan	ماهی روغن
tonno (m)	tan māhi	تن ماهی
trota (f)	māhi-ye qezelālā	ماهی قزل آلا
anguilla (f)	mārmāhi	مارماهی
torpedine (f)	partomahiye barqi	پرتوماهی برقی
murena (f)	mārmāhi	مارماهی
piranha (f)	pirānā	پیرانا
squalo (m)	kuse-ye māhi	کوسه ماهی
delfino (m)	delfin	دلفین
balena (f)	nahang	نهنگ
granchio (m)	xarčang	خرچنگ
medusa (f)	arus-e daryāyi	عروس دریایی
polpo (m)	hašt pā	هشت پا
stella (f) marina	setāre-ye daryāyi	ستاره دریایی
riccio (m) di mare	xārpošt-e daryāyi	خارپشت دریایی
cavalluccio (m) marino	asb-e daryāyi	اسب دریایی
ostrica (f)	sadaf-e xorāki	صدف خوراکی
gamberetto (m)	meygu	میگو
astice (m)	xarčang-e daryāyi	خرچنگ دریایی
aragosta (f)	xarčang-e xārdār	خرچنگ خاردار

92. Anfibi. Rettili

serpente (m)	mār	مار
velenoso (agg)	sammi	سمی
vipera (f)	af'i	افعی
cobra (m)	kobrā	کبرا
pitone (m)	mār-e pinton	مار پیتون
boa (m)	mār-e bwa	مار بوا
biscia (f)	mār-e čaman	مار چمن

| serpente (m) a sonagli | mār-e zangi | مار زنگی |
| anaconda (f) | mār-e ānākondā | مار آناکوندا |

lucertola (f)	susmār	سوسمار
iguana (f)	susmār-e deraxti	سوسمار درختی
varano (m)	bozmajje	بزمجه
salamandra (f)	samandar	سمندر
camaleonte (m)	āftāb-parast	آفتاب پرست
scorpione (m)	aqrab	عقرب

tartaruga (f)	lāk pošt	لاک پشت
rana (f)	qurbāqe	قورباغه
rospo (m)	vazaq	وزغ
coccodrillo (m)	temsāh	تمساح

93. Insetti

insetto (m)	hašare	حشره
farfalla (f)	parvāne	پروانه
formica (f)	murče	مورچه
mosca (f)	magas	مگس
zanzara (f)	paše	پشه
scarabeo (m)	susk	سوسک

vespa (f)	zanbur	زنبور
ape (f)	zanbur-e asal	زنبور عسل
bombo (m)	xar zanbur	خرزنبور
tafano (m)	xarmagas	خرمگس

| ragno (m) | ankabut | عنکبوت |
| ragnatela (f) | tār-e ankabut | تارعنکبوت |

libellula (f)	sanjāqak	سنجاقک
cavalletta (f)	malax	ملخ
farfalla (f) notturna	bid	بید

scarafaggio (m)	susk	سوسک
zecca (f)	kane	کنه
pulce (f)	kak	کک
moscerino (m)	paše-ye rize	پشه ریزه

locusta (f)	malax	ملخ
lumaca (f)	halazun	حلزون
grillo (m)	jirjirak	جیرجیرک
lucciola (f)	kerm-e šab-tāb	کرم شب تاب
coccinella (f)	kafšduzak	کفشدوزک
maggiolino (m)	susk bāldār	سوسک بالدار

sanguisuga (f)	zālu	زالو
bruco (m)	kerm-e abrišam	کرم ابریشم
verme (m)	kerm	کرم
larva (f)	lārv	لارو

91

FLORA

94. Alberi

albero (m)	deraxt	درخت
deciduo (agg)	barg riz	برگ ریز
conifero (agg)	maxrutiyān	مخروطیان
sempreverde (agg)	hamiše sabz	همیشه سبز
melo (m)	deraxt-e sib	درخت سیب
pero (m)	golābi	گلابی
ciliegio (m)	gilās	گیلاس
amareno (m)	ālbālu	آلبالو
prugno (m)	ālu	آلو
betulla (f)	tus	توس
quercia (f)	balut	بلوط
tiglio (m)	zirfun	زیرفون
pioppo (m) tremolo	senowbar-e larzān	صنوبر لرزان
acero (m)	afrā	افرا
abete (m)	senowbar	صنوبر
pino (m)	kāj	کاج
larice (m)	senowbar-e ārāste	صنوبر آراسته
abete (m) bianco	šāh deraxt	شاه درخت
cedro (m)	sedr	سدر
pioppo (m)	sepidār	سپیدار
sorbo (m)	zabān gonješk-e kuhi	زبان گنجشک کوهی
salice (m)	bid	بید
alno (m)	tuskā	توسکا
faggio (m)	rāš	راش
olmo (m)	nārvan-e qermez	نارون قرمز
frassino (m)	zabān-e gonješk	زبان گنجشک
castagno (m)	šāh balut	شاه بلوط
magnolia (f)	māgnoliyā	ماگنولیا
palma (f)	naxl	نخل
cipresso (m)	sarv	سرو
mangrovia (f)	karnā	کرنا
baobab (m)	bāobāb	بائوباب
eucalipto (m)	okaliptus	اوکالیپتوس
sequoia (f)	sorx-e čub	سرخ چوب

95. Arbusti

cespuglio (m)	bute	بوته
arbusto (m)	bute zār	بوته زار

| vite (f) | angur | انگور |
| vigneto (m) | tākestān | تاکستان |

lampone (m)	tamešk	تمشک
ribes (m) nero	angur-e farangi-ye siyāh	انگور فرنگی سیاه
ribes (m) rosso	angur-e farangi-ye sorx	انگور فرنگی سرخ
uva (f) spina	angur-e farangi	انگور فرنگی

acacia (f)	aqāqiyā	اقاقیا
crespino (m)	zerešk	زرشک
gelsomino (m)	yāsaman	یاسمن

ginepro (m)	ardaj	اردج
roseto (m)	bute-ye gol-e mohammadi	بوتهٔ گل محمدی
rosa (f) canina	nastaran	نسترن

96. Frutti. Bacche

| frutto (m) | mive | میوه |
| frutti (m pl) | mive jāt | میوه جات |

mela (f)	sib	سیب
pera (f)	golābi	گلابی
prugna (f)	ālu	آلو

fragola (f)	tut-e farangi	توت فرنگی
amarena (f)	ālbālu	آلبالو
ciliegia (f)	gilās	گیلاس
uva (f)	angur	انگور

lampone (m)	tamešk	تمشک
ribes (m) nero	angur-e farangi-ye siyāh	انگور فرنگی سیاه
ribes (m) rosso	angur-e farangi-ye sorx	انگور فرنگی سرخ
uva (f) spina	angur-e farangi	انگور فرنگی
mirtillo (m) di palude	nārdānak-e vahši	ناردانک وحشی

arancia (f)	porteqāl	پرتقال
mandarino (m)	nārengi	نارنگی
ananas (m)	ānānās	آناناس
banana (f)	mowz	موز
dattero (m)	xormā	خرما

limone (m)	limu	لیمو
albicocca (f)	zardālu	زردآلو
pesca (f)	holu	هلو

| kiwi (m) | kivi | کیوی |
| pompelmo (m) | gerip forut | گریپ فوروت |

bacca (f)	mive-ye butei	میوهٔ بوته ای
bacche (f pl)	mivehā-ye butei	میوه های بوته ای
mirtillo (m) rosso	tut-e farangi-ye jangali	توت فرنگی جنگلی
fragola (f) di bosco	zoqāl axte	زغال اخته
mirtillo (m)	zoqāl axte	زغال اخته

93

97. Fiori. Piante

Italiano	Traslitterazione	Persiano
fiore (m)	gol	گل
mazzo (m) di fiori	daste-ye gol	دسته گل
rosa (f)	gol-e sorx	گل سرخ
tulipano (m)	lāle	لاله
garofano (m)	mixak	میخک
gladiolo (m)	susan-e sefid	سوسن سفید
fiordaliso (m)	gol-e gandom	گل گندم
campanella (f)	gol-e estekāni	گل استکانی
soffione (m)	gol-e qāsedak	گل قاصدک
camomilla (f)	bābune	بابونه
aloe (m)	oloviye	آلوئه
cactus (m)	kāktus	کاکتوس
ficus (m)	fikus	فیکوس
giglio (m)	susan	سوسن
geranio (m)	gol-e šam'dāni	گل شمعدانی
giacinto (m)	sonbol	سنبل
mimosa (f)	mimosā	میموسا
narciso (m)	narges	نرگس
nasturzio (m)	gol-e lādan	گل لادن
orchidea (f)	orkide	ارکیده
peonia (f)	gol-e ašrafi	گل اشرفی
viola (f)	banafše	بنفشه
viola (f) del pensiero	banafše-ye farangi	بنفشه فرنگی
nontiscordardimé (m)	gol-e farāmuš-am makon	گل فراموشم مکن
margherita (f)	gol-e morvārid	گل مروارید
papavero (m)	xašxāš	خشخاش
canapa (f)	šāh dāne	شاه دانه
menta (f)	na'nā'	نعناع
mughetto (m)	muge	موگه
bucaneve (m)	gol-e barfi	گل برفی
ortica (f)	gazane	گزنه
acetosa (f)	toršak	ترشک
ninfea (f)	nilufar-e abi	نیلوفر آبی
felce (f)	saraxs	سرخس
lichene (m)	golesang	گلسنگ
serra (f)	golxāne	گلخانه
prato (m) erboso	čaman	چمن
aiuola (f)	baqče-ye gol	باغچه گل
pianta (f)	giyāh	گیاه
erba (f)	alaf	علف
filo (m) d'erba	alaf	علف

foglia (f)	barg	برگ
petalo (m)	golbarg	گلبرگ
stelo (m)	sāqe	ساقه
tubero (m)	riše	ریشه

| germoglio (m) | javāne | جوانه |
| spina (f) | xār | خار |

fiorire (vi)	gol kardan	گل کردن
appassire (vi)	pažmorde šodan	پژمرده شدن
odore (m), profumo (m)	bu	بو
tagliare (~ i fiori)	boridan	بریدن
cogliere (vt)	kandan	کندن

98. Cereali, granaglie

grano (m)	dāne	دانه
cereali (m pl)	qallāt	غلات
spiga (f)	xuše	خوشه

frumento (m)	gandom	گندم
segale (f)	čāvdār	چاودار
avena (f)	jow-e sahrāyi	جو صحرایی
miglio (m)	arzan	ارزن
orzo (m)	jow	جو

mais (m)	zorrat	ذرت
riso (m)	berenj	برنج
grano (m) saraceno	gandom-e siyāh	گندم سیاه

pisello (m)	noxod	نخود
fagiolo (m)	lubiyā qermez	لوبیا قرمز
soia (f)	sowyā	سویا
lenticchie (f pl)	adas	عدس
fave (f pl)	lubiyā	لوبیا

PAESI

99. Paesi. Parte 1

Italiano	Traslitterazione	Persiano
Afghanistan (m)	afqānestān	افغانستان
Albania (f)	ālbāni	آلبانی
Arabia Saudita (f)	arabestān-e so'udi	عربستان سعودی
Argentina (f)	āržāntin	آرژانتین
Armenia (f)	armanestān	ارمنستان
Australia (f)	ostorāliyā	استرالیا
Austria (f)	otriš	اتریش
Azerbaigian (m)	āzarbāyjān	آذربایجان
Le Bahamas	bāhāmā	باهاما
Bangladesh (m)	bangelādeš	بنگلادش
Belgio (m)	belžik	بلژیک
Bielorussia (f)	belārus	بلاروس
Birmania (f)	miyānmār	میانمار
Bolivia (f)	bulivi	بولیوی
Bosnia-Erzegovina (f)	bosni-yo herzogovin	بوسنی وهرزگوین
Brasile (m)	berezil	برزیل
Bulgaria (f)	bolqārestān	بلغارستان
Cambogia (f)	kāmboj	کامبوج
Canada (m)	kānādā	کانادا
Cile (m)	šhili	شیلی
Cina (f)	čin	چین
Cipro (m)	qebres	قبرس
Colombia (f)	kolombiyā	کلمبیا
Corea (f) del Nord	kare-ye šomāli	کرۀ شمالی
Corea (f) del Sud	kare-ye jonubi	کرۀ جنوبی
Croazia (f)	korovāsi	کرواسی
Cuba (f)	kubā	کوبا
Danimarca (f)	dānmārk	دانمارک
Ecuador (m)	ekvādor	اکوادور
Egitto (m)	mesr	مصر
Emirati (m pl) Arabi	emārāt-e mottahede-ye arabi	امارات متحده عربی
Estonia (f)	estoni	استونی
Finlandia (f)	fanlānd	فنلاند
Francia (f)	farānse	فرانسه

100. Paesi. Parte 2

Italiano	Traslitterazione	Persiano
Georgia (f)	gorjestān	گرجستان
Germania (f)	ālmān	آلمان
Ghana (m)	qanā	غنا
Giamaica (f)	jāmāikā	جامائیکا

Giappone (m)	žāpon	ژاپن
Giordania (f)	ordon	اردن
Gran Bretagna (f)	beritāniyā-ye kabir	بریتانیای کبیر
Grecia (f)	yunān	یونان

Haiti (m)	hāiti	هائتی
India (f)	hendustān	هندوستان
Indonesia (f)	andonezi	اندونزی
Inghilterra (f)	engelestān	انگلستان
Iran (m)	irān	ایران
Iraq (m)	arāq	عراق
Irlanda (f)	irland	ایرلند
Islanda (f)	island	ایسلند
Israele (m)	esrāil	اسرائیل
Italia (f)	itāliyā	ایتالیا

Kazakistan (m)	qazzāqestān	قزاقستان
Kenya (m)	keniyā	کنیا
Kirghizistan (m)	qerqizestān	قرقیزستان
Kuwait (m)	koveyt	کویت

Laos (m)	lāus	لائوس
Lettonia (f)	letuni	لتونی
Libano (m)	lobnān	لبنان
Libia (f)	libi	لیبی
Liechtenstein (m)	lixteneštāyn	لیختن‌اشتاین
Lituania (f)	litvāni	لیتوانی
Lussemburgo (m)	lokzāmborg	لوکزامبورگ

Macedonia (f)	jomhuri-ye maqduniye	جمهوری مقدونیه
Madagascar (m)	mādāgāskār	ماداگاسکار
Malesia (f)	mālezi	مالزی
Malta (f)	mālt	مالت
Marocco (m)	marākeš	مراکش
Messico (m)	mekzik	مکزیک
Moldavia (f)	moldāvi	مولداوی
Monaco (m)	monāko	موناکو
Mongolia (f)	moqolestān	مغولستان
Montenegro (m)	montenegro	مونته‌نگرو

Namibia (f)	nāmibiyā	نامیبیا
Nepal (m)	nepāl	نپال
Norvegia (f)	norvež	نروژ
Nuova Zelanda (f)	niyuzland	نیوزلند

101. Paesi. Parte 3

Paesi Bassi (m pl)	holand	هلند
Pakistan (m)	pākestān	پاکستان
Palestina (f)	felestin	فلسطین
Panama (m)	pānāmā	پاناما
Paraguay (m)	pārāgue	پاراگوئه
Perù (m)	porov	پرو
Polinesia (f) Francese	polinezi-ye farānse	پلینزی فرانسه

Polonia (f)	lahestān	لهستان
Portogallo (f)	porteqāl	پرتغال

Repubblica (f) Ceca	jomhuri-ye ček	جمهوری چک
Repubblica (f) Dominicana	jomhuri-ye dominikan	جمهوری دومینیکن
Repubblica (f) Sudafricana	jomhuri-ye āfriqā-ye jonubi	جمهوری آفریقای جنوبی
Romania (f)	romāni	رومانی
Russia (f)	rusiye	روسیه

Scozia (f)	eskātland	اسکاتلند
Senegal (m)	senegāl	سنگال
Serbia (f)	serbestān	صربستان
Siria (f)	suriye	سوریه
Slovacchia (f)	eslovāki	اسلواکی
Slovenia (f)	eslovoni	اسلوونی

Spagna (f)	espāniyā	اسپانیا
Stati (m pl) Uniti d'America	eyālāt-e mottahede-ye emrikā	ایالات متحدهٔ امریکا
Suriname (m)	surinām	سورینام
Svezia (f)	sued	سوئد
Svizzera (f)	suis	سوئیس

Tagikistan (m)	tājikestān	تاجیکستان
Tailandia (f)	tāyland	تایلند
Taiwan (m)	tāyvān	تایوان
Tanzania (f)	tānzāniyā	تانزانیا
Tasmania (f)	tāsmāni	تاسمانی
Tunisia (f)	tunes	تونس
Turchia (f)	torkiye	ترکیه
Turkmenistan (m)	torkamanestān	ترکمنستان

Ucraina (f)	okrāyn	اوکراین
Ungheria (f)	majārestān	مجارستان
Uruguay (m)	orogue	اوروگوئه
Uzbekistan (m)	ozbakestān	ازبکستان

Vaticano (m)	vātikān	واتیکان
Venezuela (f)	venezuelā	ونزوئلا
Vietnam (m)	viyetnām	ویتنام
Zanzibar	zangbār	زنگبار

www.ingramcontent.com/pod-product-compliance
Lightning Source LLC
Chambersburg PA
CBHW070823050426
42452CB00011B/2167